KB271674

HEGARTY ON CREATIVITY: THERE ARE NO RULES
BY JOHN HEGARTY

# 지그 ZIG 할 때 재그 ZAG 하라

헤가티의 49가지 창의적 생각법

지은이_ **존 헤가티** John Hegarty

세계에서 가장 많은 크리에이티브상을 수상한 영국의 광고회사 BBH(Bartle Bogle Hegarty)의 창업자로 현역 최고의 크리에이티브 디렉터이다. D&AD 영국의 디자인과 최고 디자인상인 D&AD의 President's Award를 수상했으며, 뉴욕의 Art Directors Club 명예의 전당에 올랐고, 광고계의 오스카상이라 불리는 '칸라이언즈 크리에이티비티 페스티벌(칸국제광고제)'에서 광고계에 지대한 공헌과 업적을 세워 온 사람에게 시상하는 '산 마르코 사자상(Lion of St. Mark)'을 첫 번째로 수상했다. 2007년에는 광고계에 쌓은 업적을 인정 받아 영국 여왕으로부터 기사 작위를 받았다. 광고계의 살아 있는 전설로 크리에이티비티의 상징처럼 여겨지고 있다.

옮긴이_ **장혜영**

WIN2STAR 경영연구소 대표이며, 한국장학재단 멘토, Women in Innovation 창립 멤버이다. 국내 광고대행사에서 AE로 시작해서 여성 최초로 외국계 광고대행사의 지사장을 역임하기까지 광고계에서 23년을 보냈으며, Leo Burnett 일본과 미국 본사에서 근무했다. CJ 제일제당 마케팅실 상무, SC Johnson Korea 마케팅 이사, 샘표식품 IMC총괄 상무를 거쳐 현재는 비즈니스 코칭과 퍼실리테이션 워크샵을 운영하는 KPC(전문코치)와 국제공인퍼실리테이터(IAF-CPF)로 활동하고 있다. 이 책을 통해 크리에이티비티의 구루인 존 헤가티의 철학을 이해하고, 많은 사람들에게 전하고 싶다고 한다.

# 지그할 때, 째그 하라!

헤가티의 49가지 창의적 생각법

존 헤가티 지음
장혜영 옮김

맥스media

there

Are

es.

# 창의성이란

히트곡을 쓰고 싶거나, 제2의 〈모나리자〉를 그리고 싶거나,
혹은 타란티노 같은 감독이 되고 싶은가요?

당신이 Yes라고 대답했거나
창의적인 일을 목표로 삼고 있다면 확실히 말씀드리죠.
창의성이 이뤄지는 과정을 아는 것이 당신의 성공을 좌우할 것입니다.

창의성은 우리가 입는 옷, 살고 있는 빌딩, 먹는 음식, 그리고 자동차에
이르기까지 우리의 삶을 이루는 수천 가지 것들에 크나큰 영향을
미치고 있습니다. 창의성은 우리가 사는 세상을 발전시키고, 완성하고,
규정하고, 설명합니다. 이제 우리의 미래가 창의성에 달려 있다는 것은
누구도 부인할 수 없는 현실입니다.

그러면 무엇이 창의성을 자극할까요? 무엇이 영감을 줄까요?
무엇이 창의성을 지속시킬까요?

나는 40년간 광고 분야에서 일하면서 운 좋게도 최고의 영화제작자,
음악가, 작가, 일러스트레이터, 사진작가, 디자이너들과 더불어
창의적인 작업을 함께해 왔습니다.

하지만 '창의성의 의미'가 무엇인지, '창의적이 된다'는 게
어떤 것인지 명확히 알고 있는 사람은 많지 않습니다.
창의성이란 말이 머리를 길게 기르거나 이상한 옷차림을 하거나
사람들에게 무례하게 굴 때 쓰는 변명이 되어서는 안 됩니다.

절대 아니지요.
창의성이란 깨어 있고, 감각적이고, 열정적이고, 주변 것들에
관심을 가지고, 몰입하는 것입니다. 무엇보다도 창조적인 태도를
갖는다면 당신은 창의적인 직업에서 성공하게 될 것입니다.

창의성은 여러 가지로 정의할 수 있겠지만, 나는 '자아의 표현'이라
하고 싶습니다. 이것은 내가 '우리 모두는 창의적'이라고
믿고 있기 때문입니다.
물론 선천적으로 더 창의적인 사람들도 일부 있지만 말이지요.

창의적인 과정이란 삭제가 아니라 입력하는 것입니다. 이 책은 '어떻게
시작할 것인가?', '어떻게 지속적으로 창의적인 일을 해 나갈 것인가?'에
관한 책입니다. 자, 당신은 무엇을 창조하고 싶나요?
우리 모두가 창의적이지만 운 좋은 몇몇 사람만이 창의적인
직업으로 생계를 유지하며 살고 있습니다. 어떤가요?
운 좋은 소수가 되는 것에 흥미가 생기나요?

**그럼 나의 이야기를 들어 보세요.**

여기, 창의성을 키우고, 지속하고, 활용할 수 있는 49가지 도발적인
방법을 소개합니다. 물론 규칙 같은 건 없다는 걸 기억하세요.
단지 안내서일 따름입니다. 무슨 소리냐고요?
당신은 이 책을 읽고, 먹어치울 수도 있을 것입니다.
더 자세히 알고 싶다면 마지막 페이지까지 넘겨 보세요.

*John Hegarty*

**들어가는 말** (14)

**01** 백지에 맞서기 —————————————— (20)
The Blank Page

**02** 아이디어와 오리지널 ———————————— (24)
Ideas

**03** 대담하라 —————————————————— (30)
Fearlessness

**04** 혼돈 vs. 프로세스 ————————————— (34)
Chaos vs. Process

**05** 우리는 모두 예술가 ————————————— (36)
We are All Artists

**06** 단순함의 진리 ———————————————— (38)
Simple Truths

**07** 머리 vs. 가슴 ——————————————— (41)
Head vs. Heart

**08** 분노 효과 ————————————————— (44)
Get Angry

**09** 간결하게 말하기 ——————————————— (46)
Words are a Barrier to Communication

**10** 병렬의 힘 —————————————————— (48)
Juxtaposition

**11** 지그할 때 재그하라 —————————— 50
Zag

**12** 스토리텔링, 마음을 사로잡는 기술 ————— 53
Storytelling

**13** 기술, 창의성의 도구 —————————— 55
Technology

**14** 냉소주의와 거리두기 —————————— 58
Cynicism

**15** '왜?', 창의적 무지 —————————— 60
Why?

**16** 직업이 아닌 몰입 —————————— 62
Pre/occupation

**17** 나만의 철학 —————————————— 64
Philosophy

**18** 헤드폰 벗어 던지기 —————————— 66
Remove your Headphones

**19** 최고와 어울리기 —————————— 69
Mix with the Best

**20** 이코노미스트지를 읽는다는 것 ————— 72
Read The Economist

**21** 존경하되 숭배하지 않는다 ————— 74
Respect Don't Revere

**22** 좋은 것은 위대한 것의 적 ————— 76
Good is the Enemy of Great

**23** 설득의 기술 —————————————— 79
Persuasion

차
례

**24** 전문가 되기
Specialize — 81

**25** 연습, 성공의 열쇠
Practice Makes Perfect — 84

**26** 새로운 페이지를 넘길 때
When to Turn Over the Page — 86

**27** 협업, 독인가? 약인가?
Collaboration — 88

**28** 최고의 파트너십
Two's Company — 90

**29** 성찰하라
Reflection — 92

**30** 나쁜 날씨 효과
Bad Weather — 94

**31** 건강한 에고
Ego — 96

**32** 자만을 경계하라
Hubris — 98

**33** 편집, 새로운 창조
Editing — 100

**34** 예측, 빛과 그림자
Don't Second-Guess — 102

**35** 유행을 따른다는 것
Beware of Fashion — 104

**36** 타이밍 만들기 —————— 106
Timing

**37** 마음을 사로잡는 프레젠테이션 —————— 108
Presentation

**38** 명성의 힘 —————— 110
The Power of Fame

**39** 실패도 계획한다 —————— 112
Failures

**40** 돈, 돈, 돈 —————— 114
Money, Money, Money

**41** 비평을 이겨 내는 법 —————— 116
Don't Read About Yourself

**42** 기교의 가치 —————— 118
Craft

**43** 자리 바꿔 앉기 —————— 119
Swap Seats

**44** 매카트니 신드롬 —————— 122
The McCartney Syndrome

**45** 지금, 이 순간을 산다 —————— 124
Think Short Term

**46** 안락함의 함정 —————— 126
Don't Get Too Comfortable

**47** 10년의 법칙을 피하는 방법 —————— 128
The Ten-Year Rule(And How to Avoid It)

**48** 즐기자 —————— 131
Fun

**49** 이런 생각들을 소화 시켜라 —————— 134
Digest these thoughts

# 백지에 맞서기
## The Blank Page

**백지는 창의적인 사람에게 가장 큰 도전입니다.**
작가들은 백지를 앞에 두고 무엇을 써야 할지 고민할 때,
공포감을 느낀다고 합니다. 텅 빈 스크린이든, 흰 캔버스든,
스케치북이든 백지가 주는 두려움은 같습니다.
창의력이란 아무것도 없는 데서 무엇인가를 창조해 내는 것이니까
무서울 수 밖에요. 그러나 빈 캔버스에 그림이 나타나게 되면, 이는
보는 사람의 상상력을 사로잡아 다른 장소와 시간으로 데려가 주지요.
데이비드 호크니David Hockney의 〈어 비거 스플래쉬A Bigger Splash〉가
제겐 그런 그림이었습니다.

**그러면, 어떻게 시작할까요?**
**실패의 두려움과 뭔가 조금 부족한 것 같은 불안한 느낌을 어떻게 극복할까요?**

우디 앨런Woody Allen은 "나는 글쓰기 과정 그 자체를 사랑한다.
그래서 나는 시작을 주저하지 않는다"라고 했습니다.
그러면, 그 비결은 무엇일까요?

그건 바로 '실패 따위는 없다'는 확신입니다. 실패의 가능성을 거부하는
것, 이것이 바로 첫 번째 열쇠입니다. 그림이든, 책이든, 영화 대본이든
무에서 유를 창조할 때 실패의 두려움은 누구에게나 항상 있습니다.
이 두려움은 머릿속에서 번뜩이는 아이디어를 세상과 적당히
타협하게 만들지요. 뛰어난 작품을 만들고 싶다면
자신의 능력을 믿고, 확고한 자신감을 가져야 합니다.

데이비드 호크니가 1967년 발표한 작품. 텅 빈 수영장을 배경으로 다이빙 대 아래에 커다란 물보라가 치솟
는 그림이다. 그림 속엔 아무도 없지만 보는 사람은 자연스럽게 보이지 않는 장면을 상상한다.

성공을 위한 첫 번째 열쇠가 자신감이라면, 또 다른 열쇠는
자신의 작품을 즐기는 것입니다. 당신이 무언가를 즐길 때,
창의적인 에너지로 가득한 흥분된 감정이 당신을 계속
자극할 것입니다. 그냥 놀이라고 생각해 보세요.
당신은 작품을 통해 원하는 어떤 것도 할 수 있고,
좋아하는 곳 어디든지 갈 수도 있으니까요.

텅 빈 캔버스라고 해서 백지로 시작하라는 것은 아닙니다. 문자 그대로가 아니라
비유적으로 말한 것입니다. 작게, 스케치 몇 장에서부터 시작하세요. 마치 소설을
쓰기 시작할 때 처음부터 소설 전체가 머릿속에 들어있는 게 아닌 것처럼 말이죠.
먼저 구성을 하겠지요. 등장인물도 넣고, 그런 다음 끄적이다 보면 서서히
그림이 드러나고 이야기가 펼쳐지게 되지요.

바로 이 과정—스케치든, 글쓰기든, 뭐든 간에—을 거친다면
당신의 아이디어가 구체적인 형태로 보여질 것입니다.

작고 간결하게 시작해 보세요.
어느 순간, 창조는 시작됩니다.

그러면 당신은 더 이상 텅 빈 백지 앞에서 떨지 않을 수 있습니다.

# 아이디어와 오리지널
## Ideas

우리는 매일 아이디어를 떠올립니다. 인류가 만드는 가장 심오한 생산품들이죠.

대단한 아이디어, 시시한 아이디어, 웃기는 아이디어,
불경한 아이디어에서 획기적인 아이디어까지.
아이디어는 인류의 발전에 추진력이 되어 왔습니다.
바퀴의 발견에서 내부연소 엔진에 이르기까지, 좋든 나쁘든
아이디어는 우리가 사는 세상에 기여해 왔습니다.

아이디어는 창의성에 매우 중요한 요소입니다. 글쓰기부터
영화 제작, 그림, 작곡에 이르기까지, 모든 것은 아이디어에서부터
시작됩니다. 아이디어가 없다면 아무것도 갖고 있지 않은 겁니다.

아이디어는 정신적인 노력으로 만들어 내는 생각이나 계획이라고
정의할 수 있습니다. 특히 정신적 노력mental effort이란 말을 나는
좋아합니다. 이 말은 실체가 있는 어떤 것을 해 냈다는 뜻입니다.
이는 오늘 초밥 대신 피자를 먹으러 가야지 따위의 문제가 아닙니다.
실체가 있는 아이디어는 답을 찾아 내지요. 그 답이 세계적인
뉴스거리가 되지는 못할지라도 당면한 문제는 해결해 줄 겁니다.
우리가 원하는 게 바로 그것이죠. Big Idea를 추구해 갑시다.

또 한 가지, 아이디어를 내는 것은 그 어떤 활동보다 민주적인 활동입니다. 특별한 허가도 인증서도 필요 없죠. 언제든, 어디서든, 특수장비나 사전 연습 없이도 낼 수 있는 게 아이디어지요. 앉아서도, 서서도, 누워서도 할 수 있죠. 참신한 아이디어는 심지어 전혀 생각이란 걸 하고 있지 않을 때 불쑥 떠오르기도 합니다. 인종, 신념, 피부색, 성, 연령에 관계없이 아이디어를 낼 수 있는 우리는 얼마나 탁월한 존재입니까! 아이디어는 항상 당신을 위해 존재하고 당신이 생각해 주기를 기다리고 있습니다.

**당신의 아이디어가 심오하다면, 역사의 흐름까지도 바꿀 수 있습니다.**
*어때요, 나쁘지 않죠?*

그러니까 무(無)에서 아이디어를 이끌어 내는 우리의 자유와 능력을 축하합시다. 그리고 세상과 아이디어를 공유해야 합니다.

ORIGINAL

IS DEPEN

'오리지널리티(독창성)'은 모호한 출처에 달려 있다.

UPON THE

YOUR SC

TY

DENT



OF

JRCES.

자, 좀 더 쉽게 말해 볼까요?
세상에 '오리지널' 같은 건 없습니다.

'오리지널'은 다른 사람의 작품을 모조품으로 폄하할 때 사용하는
선동적인 단어이며, 또한 창의성 사전에서 가장 의미 없는 단어이기도 합니다.
단언컨대, 이 세상에 그 어느 것도 진정으로 '오리지널'한 것은 없습니다.

신은 최후의 창조자였고, 우리 인간은 단지 모방을 할 뿐입니다.
사실 우리가 만드는 모든 것은 이미 존재하는 것을 바탕으로 하고 있고,
또 그렇게 해야 합니다. 진공 상태에서 그 어떤 창의성도,
어떤 아이디어도 나올 수 없으니까요.

**아이디어란 다른 아이디어를 빌리고, 뒤섞고, 뒤엎고, 계발하고,
주고받으며 나옵니다.**

때문에 당신의 아이디어가 '오리지널'이라고 하는 것은 교만입니다.
사실, 아이디어의 가치는 우리를 둘러싼 세상으로부터 어떻게 영감을
끌어 내고, 이제껏 보지 못한 새로운 방식으로 그것을
재해석하는지에 달려 있습니다.

다름과 대담함이 중요합니다. 하지만 '오리지널'은?
**중요하지 않습니다! NO!**

물론 다른 사람의 아이디어를 노골적으로 훔치는 것은 옳지 않습니다.
하지만 당신의 아이디어가 '오리지널'이라는 것도 잘못된 생각입니다.
당신의 아이디어는 다른 아이디어와 연관되어서 존재할 뿐이고,
우리는 서로의 어깨 위에 올라서 있어야 더 멀리 볼 수 있습니다.

어느 비평가는 "오리지널리티(독창성)는 모호한 출처에 달려 있다"고
말합니다. 나는 이런 종류의 비평을 그리 좋아하지 않습니다.
그래서 '오리지널'이라는 말 대신에 훨씬 더 괜찮은 말을 쓰겠습니다.

## 신선함 FRESH

창의성은 세상을 보는 관점에 질문을 던지고, 해석하고, 영감을
주어야 합니다. 그리고 신선함을 추구하는 작품을 만들 때
자기 자신에게 이런 질문을 던져야 합니다.

*이 창의적인 작품이 당신을 멈춰서게 하는가?
당신을 주목하게 만드는가?*

*어떤 작품들이 주목 받지 못하고, 팔리지 않는다면
거기에는 분명 이유가 있습니다.*

*이 작품이 문제를 다르게 보게 만드는가?
이 작품이 당신의 호기심을 깨우고,
자신의 의견을 재평가하게 만드는가?*

*이 작품이 세상을 달리, 좀 더 깊이 있고,
좀 더 감동적으로, 사려 깊게 이해하게끔 만드는가?
이것이 당신을 행동하게 만드는가?*

*이 질문들을 해 보면서 당신은 문제의 핵심을 보게 될 것입니다.
이 모든 질문에 '예스'라는 답을 하기는 쉽지 않겠지요.*

# 대담하라
## Fearlessness

어느 날, 나는 광고대행사의 한 연구원에게 얼핏 단순해 보이지만
당황스러운 질문을 받은 적이 있습니다.

**어떻게 하면 창의적인 사람이 될 수 있을까요?**

나는 "우리 모두는 창의적입니다. 이 점이 바로 인간을 흥미롭게
만드는 것이지요. 우리 모두는 아이디어를 떠올리고 문제의 해답도
떠올립니다"라고 답을 했습니다. 그가 다시 질문을 던지더군요.

**하지만 당신은 창의적인 일로 먹고사는 직업을 갖고 있습니다.
어떻게 하면 그렇게 될 수 있습니까?**

솔직히 내가 그동안 한 번도 생각해 본 적이 없는 질문이라
다소 놀랐지만, 곧바로 이렇게 대답을 했지요. "나는 본능으로
살아 왔고, 본능은 항상 나에게 창의적인 신념을 따르라고 합니다."
하지만 이걸로는 충분한 답변이 되지 않았습니다.

그래서 가만히 그동안 내가 해 왔던 일과 내가 가장 존경해 온
다른 사람들을 생각해 보니, 그 무엇보다도 내가 소중하게
여기는 한 가지가 있음을 깨달았습니다.

**어떻게 하면 창의적이 될 수 있냐고요?**

## 대담하라!

오!
내가 좀 더 대담해질 필요가 있다고 말한 건
꼭 패션을 염두에 두고 한 말은 아니었어.

진정으로 신선한 아이디어를 추구하고 표현하는
능력을 당신은 가져야 하고, 가능한 색달라야 합니다.
때로는 당신의 명성도 걸어야 합니다.

매일매일 새로운 아이디어를 가지고 아침에 출근해서 수많은
회의론자들 앞에서 프레젠테이션을 하는 광고인에게 대담성은
필수 조건입니다. 사실, 모든 창의적인 업무에서는 필수적이죠.
대니 보일Danny Boyle이 2012년 런던 올림픽의 개막식 행사
아이디어를 제안했을 때, 모든 사람들이 하나같이 반대를 했습니다.

**세상에, 개막식을 망칠 생각인가?**

# 이런 것은 여태껏 본 적이 없는데…

**그게 받아들여질 거라고 생각하는 거예요?**

**전혀 스포티해 보이지 않습니다…**

그러나 보일은 자신의 비전을 믿었고, 개막식 행사는 이럴 수 있고
이래야 한다는 자신의 생각을 대담하게 밀고 나아갔습니다.
그 결과는 눈부시도록 멋지고 신선했습니다.
런던 올림픽 개막식은 사람들에게 놀라움과 즐거움을 주었고,
이후 이러한 행사의 운영 방식에 변화를 만들어 냈습니다.

공식에 따라 생산해 내는 것이 무슨 소용이 있을까요?
**아무 소용 없습니다.**

어떻게 해야 공식을 따르지 않고 뭔가를 만들어 낼 수 있을까요?

**대담하라!**



대니 보일 감독은 2012년 런던 올림픽 개막식 행사에 셰익스피어, 비틀스, 007, 미스터 빈, 해리 포터 등 영국의 풍부한 문화 콘텐츠를 적극 활용했다. 기존의 엄숙하고 경건했던 개막식이 아닌 마치 한 편의 영화나 뮤지컬을 보는 듯한 런던 올림픽 개막식은 전 세계에 문화 강국으로서 영국의 이미지를 각인 시켰고, 이후 스토리가 있는 올림픽 개막식을 만들어 내는 밑바탕이 되었다.

# 혼돈 vs. 프로세스
## Chaos vs. Process



창의성을 꽃피울 수 있는 회사 문화를 만드는 것은
결코 쉬운 일이 아닙니다.

본질적으로 두 가지 방식이 있지요.
혼돈과 프로세스입니다.

**창의적인 분위기의 회사는 대부분 혼돈의 방식을 따릅니다.**

형식이나 틀을 최소한으로 줄이고, 가벼운 혼돈 분위기를 조성하고,
자유롭게 서로의 아이디어를 주고받고, 대체로 스케줄은 무시됩니다.
이것을 '창의적 혼돈'이라고 합니다. 심각한 문제가 나타나기 전까지는
이런 분위기가 유지되지만, 결과에 대한 평가는 냉정하게
내리지요. 하지만 이처럼 자유롭고, 방해 받지 않는
분위기에서라면 대부분 특별한 무언가가 탄생합니다.

**아니, 그렇게 되기를 기대해야겠죠.**

롤링 스톤즈가 앨범 〈Exile on Main Street〉를 만드는 과정을 담은
다큐멘터리를 본 사람이라면 내가 말하는 창의적 혼돈의 의미를
이해할 것입니다.

대다수 사람들에게 혼돈이란 두렵고, 규율도 없고,
예측할 수 없는 상황으로 여겨집니다.

기업의 관리자들이 혼돈 상태를 의심의 눈초리로
보는 것은 놀랄 일이 아닙니다.

**창의성을 꽃피우는 또 다른 방식은 프로세스를 도입하는 것입니다.**

원활한 아이디어 계발을 보장해 줄 시스템을 운영하고, 창의적인 작품이
제시간에 나오도록 스케줄을 관리하는 시스템이지요. 사람들은
창의성이 터져 나오는 프로세스에 대해 이야기하길 좋아합니다.

창의적인 작업을 하는 회사를 운영한다면, 혼돈 방식
또는 프로세스 방식 중 어느 것을 선택할지 결정해야 합니다.
혼돈 방식은 쓸만한 결과물이 너무 늦게 나오거나 아예 나오지
않을 수도 있습니다. 프로세스 방식은 창의성을 키우기보다는
오히려 제한할 수 있어 위험할 수 있습니다.

**당신이 긴장 상태로 일할지, 자유롭게 고민하고 싶은지에
따라 어떤 방식을 택할지 결정하면 됩니다.**

FINISH.

# 우리는 모두 예술가
## We are All Artists

그래요,
우리 모두는 예술가입니다.
　　　하지만 어떤 사람들은 티를 내서는 안 됩니다.

　　　이 현명한 문구를 마음에 새겨 두세요,
　　　의심스럽다면 당장 런던의 그린파크Green Park와 피카딜리Piccadilly를
　　　구분하는 가드레일 위에서 펼쳐지는 일요예술장터를
　　　방문해 봐야 합니다.

창의성은 인간의 타고난 본성이지만
다른 사람보다 뛰어나게 창의적인 사람이 분명 있습니다.

　　　예를 들어, 우리는 모두 춤을 출 수 있습니다.(의심의 여지가 없죠)
　　　그러나 무대가 손짓을 하는 순간에도 자리에 앉아 있는
　　　지혜를 가진 사람도 있습니다.

　　　이제야 명확하게 알게 된 사실은 갈수록 우리는
　　　모든 사람들이 모든 것을 할 수 있고, 모든 것들에
　　　영향을 주어야 한다고 생각하는 세상에 살고 있다는 것입니다.
　　　글쎄요, 제 답은 NO입니다. 그래서는 안 됩니다.

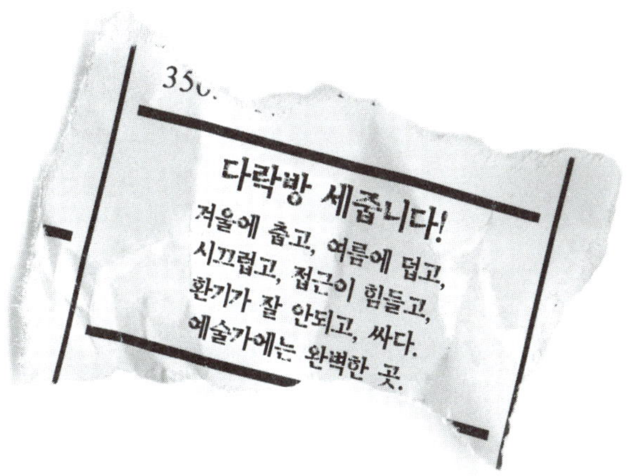



기술의 발달로 창작을 하거나 자신을 표현하는 일이 예전보다
쉬워졌다고 해서 그것이 곧 당신이 탁월하다는 말은 아닙니다.
나는 매일 형편없는 글과 구성, 내용도 별 볼 일 없는
기획안들을 무더기로 받고 있습니다.

## 그만 멈추고, 다른 쓸모 있는 일을 찾아보세요!

인생에서 가장 위대한 스킬 가운데 하나는 자신의 재능을 알아차리고
존중하는 것입니다. 자신의 재능을 인식하게 되면 더 많이
배우게 되고 그에 따른 만족감도 훨씬 더 커질 것입니다.

# 단순함의 진리
## Simple Truths

어모는 이래 배도,
나는 믿을 수 없을 만큼 복잡하고, 민감하고,
오랫동안 깊이 성찰하는 사람이라고요.

무엇을 만들든지 궁극적인 목적은 단순함에 있습니다.
광고에서 말하는 축소의 힘이란, 복잡한 생각을 줄이고
단순하고 강력한 메시지로 만드는 것입니다.

그림을 그리든 소설을 쓰든 영화를 만들든, 당신이 채우고 싶어하는
공간은 오직 하나! 바로 다른 사람들의 머릿속입니다. 설득의 도구는
붓이 될 수도, 기타가 될 수도 있으나, 당신이 진정 원하는 것은 청중의
마음이죠. 그 마음의 한구석이라도 사로잡는다면 성공한 것입니다.

아이디어나 메시지가 너무 복잡하면 다른 사람을 당황시키고
혼란스럽게 만듭니다. 심지어는 사업에서도 복잡함은
수익성을 악화시킨다고 하지요.
그렇다고 해서 자신의 아이디어를 폄하하지는 마세요.
그러면 당신의 생각은 그 누구의 기억에도 남지 않을 테니까요.

사람들의 상상력을 사로잡고 머릿속에 강렬하게 남는
그 '무엇'은 어떻게 만들 수 있을까요?

어떤 위대한 아이디어라도 그 근본은 진실함에 있습니다.
창의성에 있어서 가장 강력한 힘은 진실함입니다.

지금, 무엇이든 위대한 작품 하나를 떠올려 보세요. 그 작품 속에
담긴 작가의 생각을 어렴풋하게라도 느낄 수 있나요?
만약 그 속에 진실이 담겨 있지 않다면,
그 작품의 여운은 곧 사라지고 말 것입니다.

무언가를 창조하고자 한다면 가장 먼저 자신의 소리와 진실을
찾아야 합니다. 스스로가 자신이 하는 일을 믿지 못한다면,
다른 사람들이 당신을 믿어야 할 이유도 없으니까요.

자신의 진실을 발견하고, 그 진실을 상상력을 구사해 표현하는 것이 당신이
개발해야 할 스킬입니다. 단순하게 만드는 것이 역시 가장 좋은 방법이지요.

프랑스의 위대한 철학자인 파스칼Pascal은 친구에게 편지를 쓸 때
최대한 간단하게 썼고, 늘 이렇게 마무리를 하곤 했습니다.
"편지가 길어진 것을 사과하네. 시간이 있었다면,
좀 더 짧게 쓸 수 있었을 텐데."

글을 쓰든, 그림을 그리든, 디자인을 하든, 연기를 하든, 연출을 하든
진실을 단순하게 표현하는 것의 성공 여부가 의미 있는 작품과 의미 없는 작품 간의
차이를 만듭니다. 이 중요한 사실을 무시하면 당신의 성공은 지속되기 어렵겠지요.
게다가 스스로도 진심으로 만족하지 못할 테지요.

그 누구도 창작 그 자체를 위해 창작을 하는 사람은 없습니다.
우리는 어떤 견해를 드러내고자 창작을 합니다.
자신의 태도나 신념을 표현하고 주장하기 위해서 말이지요.

진실은 당신이 구사할 수 있는 최상의 전략입니다. 아주 유용하죠.
왜냐하면 당신이 했던 말이 진실이라면 사람들은 분명히 그것을 느끼고
오래도록 기억할 테니까요.

생각은 그만!
느껴 보세요.

창의성은 지적인 활동 과정이지만, 감성에 의해 크게 좌우됩니다.
아일랜드의 작가 제임스 스티븐스James Stephens는
글 쓰는 것에 대해 이렇게 말합니다.

## "마음이 오늘 아는 것을, 머리는 내일 이해할 것이다."

우리는 논리적인 것보다는 감정에 더 많이 반응합니다.
이 말을 의심하는 사람이 있나요? 그렇다면 담뱃갑에 쓰인
끔찍한 경고문을 보고도 사람들이 여전히 담배를 피우는
이유는 어떻게 설명할 수 있을까요?

## 흡연이 생명을 앗아갑니다.

한 가지 예를 더 들어 볼까요. 감성이 거의 전적으로 지배하는
패션계는 제품의 기능보다도 어떻게 보여지고, 어떻게 느껴지고,
어떻게 감각을 자극하는지가 아주 중요합니다. 이 점은 하이힐을 보면
더욱 분명해집니다. 특히 루부탱Louboutin'이라면 내 말이
더욱더 설득력 있게 들리겠죠.

디자이너 크리스티앙 루부탱(Christian Louboutin)이 만든 세계적인 명품 하이힐 브랜드. 하이힐의 밑창을
빨강이나 핑크색으로 칠한 것이 특징이다.

# BOXING

## 머리 vs. 가슴 대결!

**"당신은 어느 편에 서겠습니까?"**

장소 : 어느 곳에서나 자유롭게
시간 : 아무 때나
규칙 : 소비자 피드백에 따라
　　　 KO승, 또는 8라운드까지
주최 : 창의적인 사람들 모임(창사모)

**전 좌석 예약제!
예약을 서두르세요!**

창작자로서 당신은 마음을 비우고, 작품이 자신을 어디로 이끄는지
보는 것 또한 중요합니다. 자신의 일을 지나치게 합리화하는 것도
잠재력을 위태롭게 할 수 있습니다. 마음에 귀를 기울이고
감성이 당신을 인도하도록 자극해 주어야 합니다.
잭슨 폴록Jackson Pollock의 작품을 떠올려 보세요.
잭슨 폴록에게는 사전에 고안하거나 계획한 미술 작품따윈 없습니다.

**_언제 최고의 아이디어를 생각합니까? 이런 질문에 대한 나의 대답은
항상 "내가 생각하고 있지 않을 때"입니다._**

진정으로 창의적인 사람에게 브레인스토밍은 완전한 시간 낭비입니다.
목요일 아침 10시에 회의를 한다고 해 볼까요?
회의에 참석한다고 해서 별안간 창의적이 될 수 있다는
생각은 웃기는 것입니다. 창의성은 이런 식으로
발현되지 않습니다.

지나치게 많은 생각들은 창의적 과정에 방해가 됩니다. 당신의 상상력과
감정을 통해 외부의 모든 가능성들을 탐색해야 하는데, 생각이 이를 늦추거나
막아 버리기 때문입니다. 탐색은 창의성에 절대적으로 필요한 과정입니다.
목적지가 어딘지 아는 것은 등산을 할 때는 좋지만 창의적인
작품을 만드는 과정, 특히 걸작을 만들 때는 결코 도움이 되지 않습니다.
이래서 창의성의 반대말이 회계라고 하는 건가요?

미국의 추상 표현주의 미술의 대표 작가. 캔버스를 바닥에 놓고 물감을 뿌리며 그림을 그리는 '드립 페인
팅'이라는 혁신적인 기법으로 회화의 정의를 바꿔 놓았다.

# 08 분노 효과
## Get Angry

피카소Piccasso가 자신의 역작인 〈게르니카Guernica〉를 그릴 때 휘파람을 불며 행복하게 그렸을까요? 아뇨, 그는 화가 났습니다.
그는 무방비 상태였던 조국 스페인의 한 마을을 폭격해서 수천 명의 무고한 시민들을 죽인 나치와 이탈리아의 파시스트에 분노했습니다.

대부분 사람들에게 분노는 최악의 스트레스입니다. 하지만 예술가에게 분노는 긍정적인 힘이 될 수 있습니다. 분노에 집중해서 그것을 작품으로 표현할 때 더욱 심오한 결과물을 만들어 낼 수 있으니까요.

**창작자가 작품을 통해 어떤 문제를 환기하거나 바로잡기 위해 열중할 때, 창의성은 기대했던 것보다 크게 발현되기도 합니다. 갈등이 창의성을 폭발시키는 동력이 되는 것이지요.**

찰스 디킨스Charles Dickens는 소설을 통해 당시 영국 사회를 통렬하게 비판하고 문제의식을 보여 주는 데 전념했습니다. 〈크리스마스 캐롤Christmas Carol〉을 쓸 때 그가 휘파람을 불면서 행복감을 느꼈을 거라 생각하세요? 아뇨, 〈크리스마스 캐롤〉의 첫 문장은 '말리는 죽었다'로 시작됩니다. 캐롤을 부르는 유쾌한 기분은 분명 아니지요.

수년 전 금연 캠페인 광고 작업을 할 때 일입니다. 나는 간접 흡연이 아이들 건강에 엄청나게 해롭다는 사실을 알고 무척이나 화가 났습니다. 나는 포스터 전면에 아기가 담배를 피우고 있는 이미지를 넣고, 상단에 '당신의 아이는 하루에 얼마나 많은 담배를 피울까요?'라는 문구를 크게 써 넣었습니다. 사람들은 이 충격적인 포스터를 보고 금연에 대해 심각하게 고민을 했고, 결국 행동을 바꾸기 시작했습니다. 나의 분노가 탄생시킨 작품이지요.

**화를 내세요. 하지만 분노가 자신을 해치지 않도록 하세요. 대신에 종이나 캔버스, 아무것이나 잡고 화를 쏟아 내세요. 그로 인해 얼마나 정신적 치유가 되는지, 또 얼마나 창의적으로 되는지 알게 되면 놀랄 겁니다.**

존 헤가티가 만든 금연 캠페인 광고. 충격적인 이미지로 문제의식을 드러낸 대표적 광고다.

# 간결하게 말하기
## Words are a Barrier to Communication

이 말엔 의문의 여지가 없지요.
우리는 갈수록 스크린이 지배하는 시각적인 세상에 살고 있습니다.
스마트TV에서 iPhone, iPad에 이르기까지, 모두 디지털 기술 덕분이지요.
우리는 더 많이 보면서 덜 읽고 있지요.

수많은 스크린과 정보 속에서 우리는 좀 더 효과적으로 정보를 흡수하는 방법을 찾아야 했습니다. 이 때문에 글로 쓰는 문자의 영향은 점점 작아지고, 시각 언어의 가치는 커지고 있습니다.

이 변화가 재앙인지 아닌지에 관한 문제는 다음으로 미뤄 두지요. 창의적인 일을 하는 사람들은 당장 현실로 닥친 이 문제와 피 터지는 씨름을 해야 합니다. 작가에게는 어떨까요? 이미지 시대의 등장은 심각한 문제가 되거나 좋은 기회가 될 수 있습니다. 축소의 힘에 달려 있지요. 스스로에게 질문을 던져 보세요.

*나의 메시지를 더 짧게, 좀 더 명확한 문구로 줄일 수 있을까?*

*단 두서너 마디로 다른 사람의 상상력을 자극할 수 있을까?*

간결한 문구란 정치인들이나 하는 인상적인 한마디일 뿐인데,
세상이 이런 자극적인 말 한마디로 움직이는 건 너무나 비극적이라고
말할 수도 있겠지요. 하지만 우리는 항상 이런 세상에서 살아 왔습니다.
프랑스혁명과 혁명가들의 열망이 자유, 평등, 박애로 축소되듯이
말이지요. 당신이 전하려는 것이 무엇이든지 간에 짧게,
간결하게 줄일 수 있다면 훨씬 효과적일 것입니다.

다른 사람의 마음에 파고들어 그 속에 자리 잡는 것을 일종의 경기에
비유한다면, 예술가들은 자신의 주장을 보다 빨리, 보다 스마트하게,
보다 강력하게 전하는 데 능숙한 선수가 되어야 합니다.

# 병렬의 힘
## Juxtaposition

병렬은 두 개의 상반되는 사물 또는 아이디어를 같이 배치하는
기법입니다. 이 기법을 효과적으로 사용하면, 자신의 메시지를
극대화하여 단박에 상대방을 사로잡을 수 있는 매우 유용한 기술을
갖게 되는 것입니다. 본성이나 특질 등이 정반대적인 성격을 갖는
두 개의 사물은 상대를 더욱 돋보이게 하는 힘을 갖고 있으니까요.

병렬은 검정색을 더 검게 보이기 위해 바로 옆에
흰색을 배치하는 것처럼 아주 간단합니다.

많은 예술가들이 자신의 작품에 극적인 효과를
주기 위해 이 기법을 사용해 왔습니다. 예를 들면,
르네 마그리트<sup>René Magritte</sup>가 그린 〈빛의 제국<sup>Empire of Light</sup>〉'은
어두운 밤, 불이 켜진 거리 위로 밝고 화창한 한낮의 파란 하늘을
그려 넣었습니다. 밤과 낮의 병렬로 된 이 그림은
보는 이들에게 강렬한 인상을 주고 상상력을 자극합니다.

벨기에의 초현실주의 화가 르네 마그리트(1898~1967)가 1949년부터 그린 연작. 모든 작품에 낮 배경의 하늘과 밤 배경의 집을 대비시켜 그려 놓았다.

패션계에서도 병렬법을 즐겨 사용하는데, 심지어는 트렌드를 설명할 때도 활용하고 있습니다. '블루는 새로운 블랙Blue is the new black'처럼 말이지요. 비틀스Beatles의 노래 중 〈힘든 하루의 밤a hard day's night〉은 최대 히트작 중 하나가 되었습니다. 수많은 록 밴드들이 좀 더 강렬한 이름을 지을 때 병렬법을 적극 쓰지요. 'Curved Air곡선의 하늘', 'Soft Machine부드러운 기계', 'Atomic Kitten막강한 작은 야옹이' 같은 그룹이 떠오르네요. 코미디에서도 부자연스러운 병렬법이 즐겨 사용되고 있습니다. 몬티 파이튼Monty Python¹의 '철학자 vs 시인의 축구 시합' 이나 '여성의 속옷을 노래하는 벌목꾼'처럼 말이지요.

병렬법은 거의 모든 창의적 영역에서 사용되어지고 있고, 언제나 아이디어에 대해 예민하게 감응하고 반응하도록 해 줍니다. 도저히 어울리지 않을 것 같은 사물이나 개념을 나란히 배치함으로써 보는 사람들에게 '이 선명한 수수께끼를 풀어 보라'고 강요합니다.

▌ 영국의 초현실주의 코미디 그룹. 1969년 BBC에서 코미디 Monty Python's Flying Circus 쇼를 시작한 이래 코미디 분야에 끼친 영항력은 음악의 비틀스에 필적할 정도이다.

# 지그할 때 재그하라
## Zag

검은 양 한 마리로부터 무언가 배울 수 있다는 것은 놀라운 일이죠?

나의 회사 BBH<sup>Bartle Bogle Hegarty</sup>의 첫 고객사는 리바이스였습니다.
1982년, 리바이스는 블랙진 출시를 앞두고
멋진 아이디어의 광고를 원했습니다.

우리는 이 포스터를 만들어 보여 주었습니다.

리바이스 쪽 담당자들은 이 포스터를 보자 마자 충격에 빠졌습니다.

## 도대체, 이 그림 어디에 청바지가 있다는 겁니까?

그들은 외쳤습니다.

블랙 리바이스, 세상이 지그하면, 재그하라!

나는 정중하게–비교적 정중하게–답변했지요. 소비자는 모두
청바지가 어떻게 생겼는지 알고 있으니, 지금은 블루진이 아닌
블랙진의 탄생을 알리는 것이 중요하다고 했지요. 그리고 그냥
알리는 것보다 블랙진을 입는 사람들은 어떤 사람들인지 정의하고
알리는 것이 훨씬 더 중요하다고 말했지요. 사람들은 옷을 입는 게
아니라 옷의 이미지를 입는다는 걸 설명하는 데 집중했어요.
그리고 나는 포스터에 담긴 블랙진의 이미지를 이렇게 설명했지요.
"당신은 다릅니다. 당신은 이 많은 군중 속의 한 사람이 아닙니다.
당신은 이 무리와 다른 존재입니다."

**이 점을 강조하고자 우리는 광고를 시각적인 이미지로 만들었고,
글은 단 한 줄만 넣었습니다.**

### 세상이 지그하면, 재그하라!

리바이스 광고주는 망설였으나 마침내 광고는 그대로
집행되었고, 엄청난 반향을 불러일으켰습니다.
광고주는 나에게 실물 크기의 검은 양을 선물했습니다.
이후 나는 이 검은 양을 BBH의 로고로 채택했지요. 이 검은 양
로고는 사람들의 기억 속에 회사의 정체성에 대한 정의,
그 이상을 담고 있습니다. 단순히 남보다 튀는 것, 차별화되고
군중을 따르지 않는 것이 아니라, BBH의 창의적인 사고와
가치를 추진하는 원동력이 되고 있습니다. 검은 양은 BBH의
철학이며 지향점이 된 것이지요. 우리는 항상 자신에게 묻고 있습니다.

*우리의 생각에서 재그zag는 어디에 있는가?*

반대 방향을 봄으로써 당신은 새로운 것을 찾을 수 있습니다.

# 스토리텔링, 마음을 사로잡는 기술
## Storytelling

스토리텔링은 어떤 의사소통 형태보다 강력한 것입니다.
우리는 이야기를 통해서 배우고, 즐거워하고, 다른 사람들과 어울립니다.

우리는 이야기를 하라고 특별히 만들어진 존재입니다.
이야기를 할 때, 우리가 경험한 모든 것이 이야기를 구성하는 힘이 됩니다.
목소리나 표정 등 우리의 신체적 특징들도 다른 사람들의 반응을
이끌어 내는 데 도움이 되지요. 모든 사람들은 이야기를 가지고 있고,
우리 모두는 매일매일 이야기를 나누며 살고 있습니다.

**왜 스토리텔링이 창의적 프로세스에 중요한 걸까요?**

그것은 이야기가 아이디어를 풍부하게 만들기 때문이지요.
머릿속을 떠다니는 아이디어들이 이야기가 되는 과정은 마치 직물을
짜는 것과 같습니다. 아이디어가 창의적 프로세스의 기초라면 이야기는
아이디어를 자극하고 더욱 잘 기억하게 만듭니다.

건축도 궁극적으로는 '왜' 와 '어떻게'라는 이야기를 담아 내는 것입니다.
리차드 로저스Richard Rogers와 렌조 피아노Renzo Piano가 만든
파리의 퐁피두 센터Centre Pompidou'를 떠올려 보세요. 두 사람은
파이프가 드러난 거친 외관에 내부 구조물을 모두 밖으로 노출시켜
안과 밖을 뒤집음으로써 빌딩에 대한 일반적인 인식에 과감히
도전을 했지요. 이 독특한 빌딩은 당신이 문턱을 넘어가기도 전에
당신에게 질문을 던지고 창의적으로 생각하게 만듭니다.

이야기는 항상 사람들 가슴에 어떤 무언가를 남깁니다.
아무리 기술이 발달해도, 높은 교양을 가졌다 해도 여전히 우리를
전율케 하는 것은 잘 짜인 이야기를 듣는 것입니다.

정식 명칭은 국립 조르주 퐁피두 예술 문화센터(Centre national d'art et de culture Georges-Pompidou). 파리국립근대미술관뿐 아니라 도서관, 공업창작센터, 극장, 리서치센터 등이 있다. '문화의 공장'이라는 명성에 걸맞게 대담한 이미지와 자유로운 설계 방식이 건축계에 충격을 주었다.

# 기술, 창의성의 도구
## Technology

지금 우리는 놀라운 신기술들이 폭발하는 세상에 살고 있습니다.
디지털 혁명은 산업을 탈바꿈시키고,
낯설고 새로운 직업을 만들어 내고, 우리가 유지해 왔던
삶의 방식을 송두리째 바꿔 놓고 있습니다.

그렇다 보니,
기술이 창의성의 도구일 뿐이라는 것을
때로는 잊고 있는 듯합니다.

이것은 배터리, 전선, 충전기가 필요 없고
사용하기 쉽고 휴대하기 편하고
공항의 안전장치를 작동시키지도 않으며
어디에서나 쓸 수 있고
무엇보다도 저렴한 게 특징입니다.

이 망각은 두 가지 위험을 초래할 수 있습니다.

## 기술에 대한
## 경외심을 갖게 하고, 기술을 두려워하게 만듭니다.

기술은 아이디어가 아니라는 것을 항상 기억해야 합니다. 기술은
아이디어를 표현하는 수단일 뿐입니다. 어떠한 경우에도 당신은
기술을 지나치게 믿거나 두려워해서는 안 됩니다.

새로운 기술은 탄생했다가 영원히 사라지기도 합니다.
새 기술이 개발되면 활용하는 방법을 잘 모를 때가 많습니다.
이런 시기를 '창의력 결핍'의 시기라 부르지요.

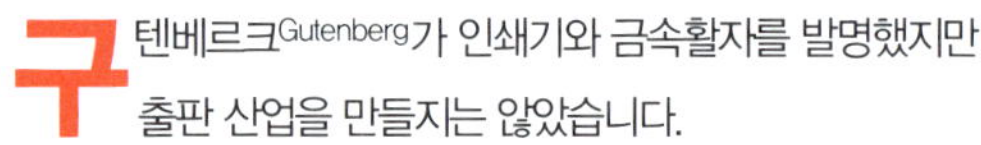

구텐베르크Gutenberg가 인쇄기와 금속활자를 발명했지만
출판 산업을 만들지는 않았습니다.

루미에르Lumiere 형제가 영화 촬영기를 발명했지만
영화 산업을 만들지는 않았지요.

창의적인 사람들이 그렇게 했습니다. 앞서 언급한 스토리텔러들이지요.
그들은 이런 신기술이 가진 잠재력을 깨닫고 획기적이고
창의적인 활용법들을 생각해 냈습니다.

디지털 기술에서도 마찬가지입니다. 끊임없이 새롭게 진화하는
매체를 활용해 어떻게 흥미롭게 아이디어를 주고받을 수
있을지 탐구하는 창의적인 사람들을 필요로 하고 있습니다.

따라서 나의 두 번째 포인트는 이것입니다.

**기술을 두려워 마라.**

많은 창의적인 사람들이 신기술에 저항감을 느낍니다. 새로운 방식으로
자기 표현을 하는 기회를 놓치는 데도 불구하고 말이죠. 이건 아마도
두려움 때문이 아닐까요? 자신의 창의성이 어디서 나오는지
확신할 수 없으니까, 일단 변화를 거부하는 것이지요.

*내 충고요?*

마음을 편하게 하세요. 염려하지 말고, 그렇다고 무시하지도 말고,
새로운 것과 함께 논다는 생각으로 껴안으세요. 어쩌면 곧
신기술과 아주 재밌게 노는 자신을 발견할지도 모르는 일이지요.

기술이 없다면 사람들의 창의성은 그저 노래 부르고, 이야기 나누고,
동굴 벽을 긁어서 그림 그리는 정도에 그치고 말 것입니다.
이러한 활동이 멋지고 신날지라도 한계가 있다는 건
인정하지 않을 수 없겠지요.

기억하세요. 카메라에서 컴퓨터에 이르기까지 어떤 종류의 기술이 개발되어
왔고, 앞으로 개발된다고 해도, 또 그 기술이 주장하는 가치가 뭐라 해도,
어떤 형태로든 잘 짜인 이야기가 없다면 그 기술의 가치는
결국 사라져버릴 것입니다.

# 냉소주의와 거리두기
## Cynicism

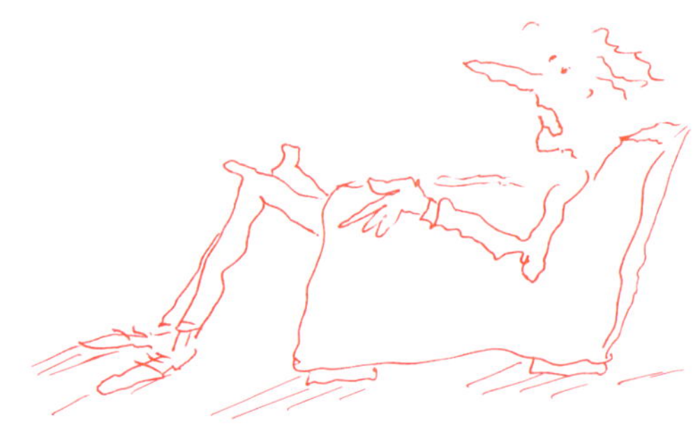

냉소주의는 창의성의 무덤입니다. 아이디어와 창의적인 프로세스를
아주 빨리, 그리고 어느 것보다도 더 완벽하게 망쳐 버릴 테니까요.

창의성은 대체로 긍정적인 행위이고, 선한 것을 향한 힘입니다.
창의성은 우리를 변화시키고 적어도 세상을 희망차게, 다르게,
더 흥미로운 방식으로 바라보게 합니다.

**창의성은 격려하고, 열정을 불어넣고, 관계를 만들고, 즐거워야 하는 것입니다.**

아이디어는 귀한 선물이지만 쉽게 훼손될 수 있다는 것을
항상 기억해야 합니다. 만약 당신이 냉소주의에 희생되면
의심과 불신이 곧 당신의 생각과 작품까지 오염시킬 것입니다.
냉소주의가 때로는 스마트하게, 심지어 위트 있게
보이기도 하겠지만, 전혀 생산적이지 않습니다.
긍정과 가능성이 자신을 둘러싸게 하세요.
도전하고 질문하는 사람들과 함께하십시오.
누군가 냉소주의에 빠져들었다면 재빨리 다른 곳으로 가세요.

미국 작가이자 풍자가인 헨리 루이스 멩켄H.L Mencken의 글을 인용해 볼까요.

냉소주의자란
꽃향기를 맡을 때,
관을 찾아 두리번거리는 사람이다.

그러니 조심하세요! 아이디어를 파묻으려는
사람을 당신 주위에 두지 마세요.

# '왜?', 창의적 무지
## Why?

당신이 창의적인 작업을 할 때 사용해야 할 가장 중요한 단어는 '왜?'입니다.

창의성이란 끊임없는 탐색이고, 남들이 가지 않은 곳을 가는
여정입니다. 마치 탐험가처럼 개척되지 않은 땅을 향해
가고 싶어하는 것이지요.

'왜?'라고 질문을 던지는 것이 이 여행을 시작하는 열쇠입니다.

당신이 '왜?'라고 물었을 때 어떤 사람은 엄청 짜증을 낼 수도 있습니다.
어린아이가 꼬리에 꼬리를 물며 '왜?'라고 물어볼 때의 느낌과
같으니까요. 조금 유치하게까지 느껴질 것입니다.

**계속 질문을 던지세요.**

창의적인 사람의 위대성은 어린이 같은 단순함을 갖고 모든 것에 질문을
던지는 데 있습니다. 이것을 '창의적 무지'라고 하지요.
일반적으로 인정된 관행을 거부하는 정도가 아니라 아예 무시하는 것이지요.
창의적인 사람들은 의식적이든 무의식적이든 기존의 사유 방식에 도전해
최고의 걸작품을 끌어 내는 사람들입니다.

그러니 모든 사람과 모든 것에 '왜?'라고 물으세요.
이 단순한 하나의 질문이 세상에 도전하는 아이디어, 사람들에게
회자되는 아이디어를 발견하는 길로 당신을 데려갈 테니까요.

# 직업이 아닌 몰입
## Pre/occupation

이 와인은 슬로베니아 산의 숙성된 메를로와 카베르네 소비뇽의 블렌드입니다.
체코 공화국에서 입으로 불어 만든 수제 와인 잔 6개를 구매하시면 7.95 파운드의 특가에 이 와인을 구입하실 수 있습니다.
이 행사는 프리미엄 고객 카드를 소지한 18세 이상 고객을 대상으로 오늘까지만 한정 판매합니다.
근데, 뭘 찾으신다고 하셨죠?

**창의성은 몰입입니다.**

진정으로 위대한 창조자들은 끊임없이 일을 하고 있습니다.
늘 바라보고, 생각하고, 관찰하지요. 태생적으로 호기심이 많아 자신이
경험하는 것들과 관심거리에 마음을 빼앗길 뿐만 아니라, 다른 사람들의
흥미와 경험에도 매혹되는 사람입니다. 이들은 경험한 모든 것을
흡수하고, 가공하고 재구성해서 마침내는 새로운 형태의 아이디어로
되돌려 줍니다. 나는 이런 사람들을 전달자라고 생각합니다. 이들은
우연히 마주치게 된 다양한 메시지들과 영향 받은 것들, 생각 들을
흡수한 다음 그것을 재해석해서 새롭고 신선한 방식으로
청중들에게 보여 줍니다.

이들은 하루 종일 무언가에 매혹되고, 탐구하고, 지식을 쌓고, 관여합니다.
온 · 오프 버튼도 없고, 스톱워치도 없어서 멈출 줄을 모릅니다.
몰입은 삶의 방식이고, 스위치가 꺼지지 않는 존재 방식이지요.
이러한 삶을 원하지 않는다면 창의적인 직업을 가져서는 안 됩니다.

**물론, 위험은 있지요. 열정이 넘쳐 집착이 되면 당신은 지겨운
사람이 되고 맙니다. 누구도 이처럼 되고 싶지는 않을 테지요.**

그러니 조심하세요. 나는 광고계에서 일은 하지만, 광고계에서 살지는
않습니다. 당신도 자신의 세계에서 더 자주 벗어나야 합니다.
주변을 둘러보세요. 더 놀랍고 더 낯선 것을 입력할수록
더 흥미로운 결과가 나올 것입니다.
새로운 아이디어, 새로운 장소, 새로운 사람을 향해 활짝 열려 있을 때
당신의 창의적인 영혼이 채워질 것입니다. 영감이 부족하다는 것은
경험 부족의 또 다른 표현일지 모릅니다.

# 나만의 철학
## Philosophy

나는 창의성을 '자아의 표현'이라고 정의합니다.

위대한 창작가들은 자신의 일부분을 작품으로 표현합니다.
그것은 야망과 신념, 관심이죠. 당신의 작품도 신념과 개성,
경험으로 축적된 것이어야 합니다. 물론 고객과의 협업이 필요한
응용미술 분야에서 일하고 있다면 도전이 될 수도 있지만,
그럴수록 스스로 어떤 기준을 세워 둘 필요가 있습니다.

그러니까 자신에게 물어보세요!
무엇이 나를 흥분시키는가?
무엇이 나의 추진력이 되는가?

이 질문에 답을 찾지 못한다면 당신의 일도 공허해질 것입니다.

나를 도전하게 하고 질문하게 만드는 힘은 모두 불손함에서 나옵니다.
불손은 내가 좋아하고 창작하고자 하는 일을 추진시키지요.
나는 이 힘이 창의성에 에너지를 주고, 내 아이디어를
주목 받게 만든다고 믿습니다. 주목 받는다는 것은 좋은
아이디어의 전제 조건입니다.

불손은 지나치게 도전적일 수 있다는 위험이 따릅니다.
그래서 유머가 필요하죠. 만약 당신의 불손한 아이디어를 위트와
웃음을 섞어 표현한다면, 청중들은 훨씬 더 쾌히 받아들일 것입니다.

당신에게 '점심 때까지 나만의 철학을 가져야 해'라고 공포감을 줄 생각은
없습니다. 그렇다고 구글에서 '철학'을 검색하지도 마세요.
그저 철학을 가져야 할 필요가 있음을 깨달으십시오.

내 철학이요?
내가 좋아하는 일이 답을 줍니다. 궁극적으로 당신의 생각과 일에
토대가 되어 줄 철학적 기준이 없다면, 당신이 만든 작품은
사람들을 감동시키지 못할 것입니다. 어떤 창의적인 작품이든
이것이 가장 중요한 과제입니다.

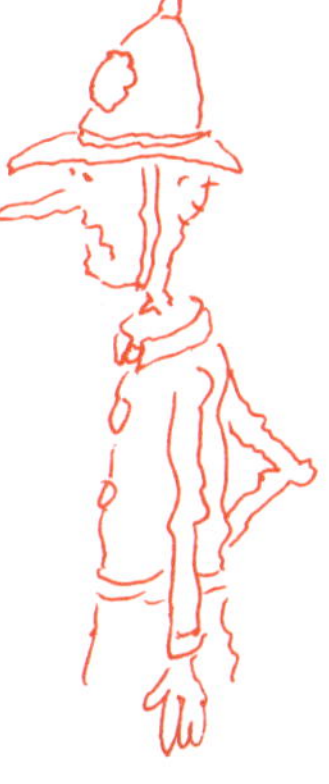

# 헤드폰 벗어 던지기
## Remove your Headphones

*나를 정말 화나게 만드는 게 뭔지 아세요?*

우리 직원이 하루 종일 헤드폰을 끼고 돌아다니는 것입니다.
왜 이들은 자신을 스스로 세상과 차단하는 걸까요?

영감은 우리 주위 곳곳에 있습니다. 우리가 늘 알아차리지 못하지만
우리가 보고, 만지고, 맛보고, 냄새 맡는 모든 것은 새로운 아이디어
구상에 도움을 주고 있습니다.

*왜 당신을 향해 오는 무수한 영감들을 모른 체하나요?*
*도대체 왜 헤드폰을 끼고 있죠?*

창의적인 사람으로 성공하고 싶다면 세상과 세상의 모든 경이로움,
불합리, 실패, 사건 등에 매혹되어야 합니다. 우리를 둘러싼 세상은
영감을 주는 무한한 자원의 보고이며, 이것을 신선한
아이디어로 바꾸는 것은 전적으로 우리의 몫입니다.
우리가 모든 감각을 통해서 이것을 받아들일 때 각각의
영감은 아이디어가 되는 것이지요.
영감이 없으면, 우리의 창의성은 고갈되고
우리는 늘 같은 곳을 맴돌게 될 것입니다.

*설마 아직도 헤드폰을 끼고 있나요?*

패션 디자이너인 폴 스미스<sup>Paul Smith</sup>는 영감은 어디에서나
찾을 수 있고, 심지어 기대하지 않았을 때 찾아온다는 멋진
이야기를 내게 해 준 적이 있습니다.

런던행 비행기가 밀라노에서 지연되었을 때 생긴 일입니다.
폴 스미스는 그냥 앉아서 헤드폰을 끼고 시간을 보내는 대신에
잠시 머리를 식힐 겸 산책을 하러 나갔지요.

산책을 하다 길바닥에 떨어진 뭔가가 그의 시선을 사로잡았는데,
작은 메달 모양의 행운의 마스코트였지요. 순간 번쩍하는 영감이
떠올랐고, 그는 그것을 단추로 만들어 셔츠에 달기로 했지요.

이 단추는 수만 벌의 셔츠에 달렸고, 날개 돋친 듯 팔렸습니다.
순간적으로 떠오른 단순한 영감이 제대로 일을 낸 것이지요.

**당장 헤드폰을 벗어버리고 세상을 받아들이기 바랍니다.**

얼마나 많은 공짜 아이디어가 세상에 널려 있는지
놀라움을 금치 못할 것입니다.

# 최고와 어울리기
## Mix with the Best

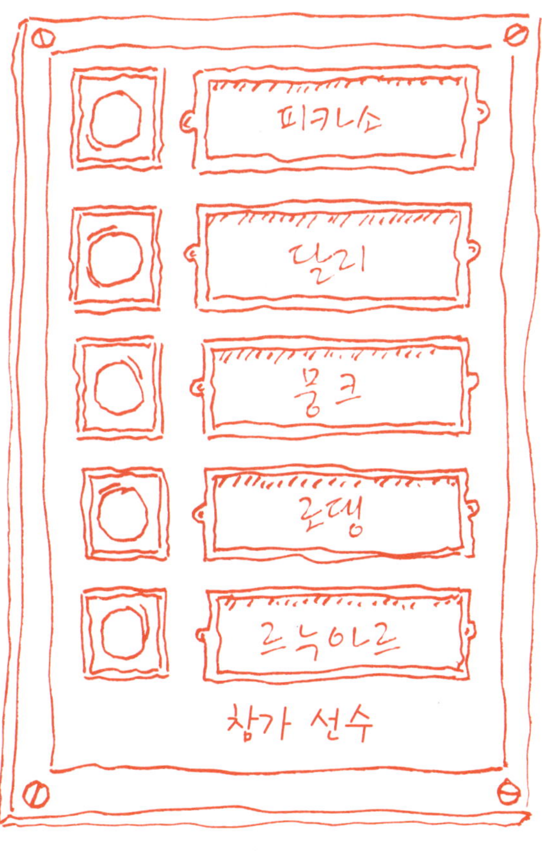

이런 유명한 문구가 있습니다.

똥 같은 것을 읽어라.
그러면 똥 같은 것을 생각하고,
똥 같은 것을 만들어 낼 것이다.

지금 당신이 똥 같은 것을 갈망하고 있다면 그리 해야겠지요.

*하지만 당신은 그러지 않을 거라는 유쾌한 예감이 드는군요.*

당신 주위에 뛰어난 작품과 사람들이 있다면, 자신의 실력도 점점
향상되는 것을 느낄 것입니다. 어떤 분야에서든 마찬가지지요.
재능이 많은 사람들은 서로를 알아보고 잘 어울립니다.(물론 때로는
앙숙이 되기도 하지만요.) 스포츠를 예로 들면 좀 더 쉽게 이해가
되겠네요. 자신보다 더 나은 실력을 가진 선수들과 게임을 하면 할수록
실력은 더욱더 향상됩니다. 작가나 화가, 건축가, 디자이너들도
마찬가지입니다. 이런 이유로 미술관과 박물관은 항상 사람들로
북적거리지요. 영국에서는 주말에 축구 시합 관람보다 미술관과
박물관에 더 많은 사람들이 몰립니다. 어쩌면 이것이 영국이
오랫동안 문화 강국으로서 자리를 지키고 있는 비결일 것입니다.
반면에 영국이 가장 최근에 월드컵 경기에서 우승한 것이
1966년이던가요? 재미있는 결과네요.

어떤 사람들은 최고의 아이디어는 화장실에서 나온다고 주장합니다.
이것은 아이디어의 탄생이 신체적 기능과 관련 있다는 뜻이라기보다는
정신적인 휴식이 중요하다는 의미겠지요.

무엇을 하든, 우리는 항상 영감을 찾고 있습니다. 앞서 말한 것처럼
영감은 아무 곳에서나 나올 수 있습니다. 그러나 우리가 창의적인
작품을 보고 있을 때, 이렇게 여기십시오. 우리가 그것을 필요로 하는
것은 위대해지기 위해서라고 말이죠. 위대함은 우리를 자극합니다.
같은 이유에서 우리는 창의적 영감을 주는 환경을 찾아야 합니다.
더 나은 작품을 만들기 위해 끊임없이 압박을 받고, 도전을 받을
필요가 있고, 때로는 두려움마저도 필요하지요.
이런 감정을 인정하는 것은 부끄러운 게 아닙니다.

**잭 캐루악**Jack Kerouc**은 소설 〈길 위에서**On the Road**〉를
화장실의 두루마리 휴지에 썼다고 합니다.**

이 소설은 이후 현대 소설의 방향을 바꾸어 놓았지요.

화장실의 휴지에 썼든지 아니든지 간에, 쓰레기가 아닌 건 확실하지요.
(실제로는 텔레타이프지에 썼다고 하는데, 뭐든 상관없잖아요.)

# 이코노미스트지를 읽는다는 것
## Read The Economist

이코노미스트지를 읽으세요!
그 전에 이 책이 부분적으로나 어떤 방식으로든 절대로
이코노미스트지의 후원을 받고 있지 않다는 걸 말해야겠네요.

*그런데 왜 이코노미스트지를 읽어야 할까요?*

몇 가지 이유로 정리해 보죠. 첫째로, 특이한 소재에서 정보를
찾는 게 중요합니다. 당신은 항상 영감을 찾고 있습니다. 맞죠?
그런데 다른 사람들과 다를 바 없이 크리에이티브 잡지를 읽고,
유명한 미술관을 방문하고, 똑같은 영화, 연극, 공연만을 관람한다면
당신은 이내 다른 사람들처럼 생각하기 시작할 것입니다.

그렇다고 외출도 하지 말고 이런 활동을 하지 말라는 게 아닙니다.

**제발 하십시오. 사실 그렇게 하라고 간청합니다.**

나는 당신이 다른 어떤 경험들을 맛보기를 바라는 것입니다.
뭔가 다르고 예상치 못했던 어떤 것, 지식을 넓혀 주는 어떤 것,
다른 형태의 창의성을 맛보라는 것입니다.

결국 모든 것은 서로 연결되어 있습니다. 연결을 많이
만들어 내면 낼수록 당신의 작품은 더욱더 흥미로워질 것입니다.

모든 것에 매혹되는 것은 창의적 영혼을 살찌우는 확실한 방법입니다.
경제전문지를 읽는 것을 포함해서 말이지요.

이코노미스트지를 읽어야 하는 두 번째 이유는 언젠가 당신이 금융회사,
금융관계 사업, 또는 기업에서 새로운 캠페인이나 디자인 기획 의뢰를 받을 수도
있기 때문입니다. 프레젠테이션을 할 때, 이 분야를 잘 이해하고 있다면 당신의
아이디어는 설득력을 가지게 되고 단박에 의뢰인의 마음을 사로잡을 것입니다.

**머릿속에 위대한 아이디어가 있다고 해도 그것을 팔 수 없다면,
아무런 소용이 없으니까요.**

나중에 여기에 대해 좀 더 다뤄 보죠.



1933년의 은행법으로 은행의 증권 업무를 제한하고 상업은행과 투자은행으로 분리했으나, 1999년 폐지됨.

# 존경하되 숭배하지 않는다
## Respect Don't Revere

존경은 숭배가 아닙니다.

숭배는 위험한 일입니다. 숭배는 한 대상을 다른 사람보다 훨씬 우월하게
대하는 것입니다. 하지만 그 누구도 절대적으로 우월한 사람은 없습니다.
우리 모두는 다음 세대를 위한 디딤돌일 뿐입니다.

한번 위험을 각오하고 어떤 사람을, 어떤 것을 숭배해 보세요.
그렇게 하는 순간, 당신의 작품에 과도한 영향을 끼치고 당신의
창의성까지 방해할 것입니다. 이는 단지 모방을 낳을 뿐,
창조와는 거리가 멀어져 버리지요.

물론 시대를 뛰어넘는 훌륭한 사람들에게서 배우는 것은 중요합니다.
하지만 이것은 위대한 작품과 창작가들을 스승으로 존경하라는 것뿐입니다.
다른 이들의 작품을 존경한다고 해서 당신의 창의성이 더 좋아지는 것은
아니기 때문입니다.

내가 이 책에서 "규칙은 없다"라고 말한 걸 기억하나요?
경험, 관행, 철학, 뭐라고 부르든 상관은 없지만,
'무엇은 어때야 한다'는 규칙 따위는 결코 없습니다.
자신의 신념으로 스스로 만들어 갈 때,
위대한 작품은 탄생합니다.

생각의 경계를 뛰어넘고, 관습의 한계를 벗어나도록 시도해야 합니다. 순응을
강요하는 어떤 압력도 거부하십시오. 어떤 세대든 창의력을 제한하는 경계들을
밀치고 앞으로 나아가야 합니다.

그렇게 하기 위해 자신과 자신의 비전을 믿어야 합니다.
대담하게 남과 달라지세요. 스승을 무턱대고 숭배하는 것에도
마침표를 찍어야 합니다. 위대한 작품들을 존경하십시오.
**하지만 숭배? 절대 안 됩니다.**

# 좋은 것은 위대한 것의 적
## Good is the Enemy of Great

*좋은 것은 위대한 것의 적이다.*

이 뜻을 이해한다면 당신은 크게 성공할 것입니다.

처음 읽으면 이상하게 여겨지죠? 어떻게 그러지?
명백히 창의성은 발전합니다. '평범하다'에서 '괜찮다'로 가지요.
그다음엔 '좋다'로, 그리고 '위대하다'로 나아갑니다.
평이한 발전 과정이죠? 어느 정도는 사실입니다.

하지만 위대한 아이디어는 이 같은 논리적 전개에서가 아니라
생각이 롤러코스터를 타면서 나오지요. 아이디어는
흥미로운 것에서 어처구니없는 것이 되었다가, 다시 좋은 아이디어로,
또다시 별 볼 일 없는 것으로 떨어지며 휘청거립니다.

사방팔방으로 튀는 생각의 소용돌이 속에서 '바로 이거야!'라고
느끼는 것에 쉽게 안착할 수도 있겠지요. 모든 혼돈을 한 방에 정리해
주는 듯한 무언가일 테니까 말이죠. 당신은 드디어 문제를 풀었다고 생각하고,
안도감을 느끼고 기분도 좋아질 겁니다.

그러나 이때 잠시 물러나 스스로에게 이렇게 질문을 던져야 합니다.

**그런데 정말 위대한 생각인 걸까?**

물론 이것은 정말로 하기 힘든 일이죠.

*왜냐하면 일에 능숙한 당신이니까요.*

이때 당신의 두뇌는 '이것은 위대해'라고 말해 주고 있습니다.
하지만 당신의 마음은 그렇지 않다는 것을 알고 있죠.

그러니까 좋은 아이디어는 밀쳐 두고, 생각을 계속해 가세요.
세상 모든 아이디어들을 다 그늘 속에 파묻어 버릴 위대한 아이디어를
떠올려 줄 영감을 믿으세요. 물론 좋은 아이디어에 이르는 것만도
어려운 일입니다. 하지만 좋은 아이디어와 적당히 타협을 하는 순간,
위대한 아이디어로의 도달은 끝나 버린다는 것을 기억해야 합니다.

내가 어떤 아이디어를 보여 줄 때마다 사람들이
"*오, 정말 좋아요*"라고 말하면, 나는 압니다.
그 아이디어는 찢어 버리고 다시 드로잉보드로
돌아가 작업을 계속해야 한다는 것을 말이죠.

23
설득의 기술
Persuasion

내가 확신하는데, 그 아이디어는 먹히지 않을 거야.
그 아이디어는 온통 헛소리로 들릴 뿐이라고.

설득이란 말은 사람들에게 물건을 팔 때, 가끔은 원하지도 않는
물건을 팔 때 쓰는 말 같아서 썩 좋은 느낌을 주지는 않습니다.

## 놀랍죠? 누가 그런 설득을 할까요?

바로 당신과 나, 우리 모두 하고 있습니다. 아이들에게 야채를 먹게
한다거나, 친구에게 다른 팀보다 당신의 축구팀이 더 나은 이유를
설명하거나, 있는 돈을 다 털어 구입한 샤넬 드레스가 당신에게
충분히 가치 있는 것이라는 걸 설명하는 등 우리는 매일
다른 사람을 설득하는 데 많은 시간을 보내고 있습니다.
공공연히 또는 다른 방식으로 우리는 모두 설득하려고 애쓰고 있습니다.
사실상 주고받는 모든 대화가 설득과 관련이 있죠. 창의성에서도
마찬가지입니다. 창의적 작업에서 설득의 기능을 얘기하자면,
불꽃놀이 직전과도 같을 거예요.

## 설득은 선한 일을 위한 도구가 되기도 합니다.

화가 고야Goya가 스페인과 나폴레옹 전쟁의
잔인무도함을 묘사한 〈전쟁의 참화Disasters of War〉 연작[1]은
강력한 반전 메시지를 담고 있습니다.
고야가 작품에서 강력하게 사용한 것은 설득입니다.



[1] 고야는 스페인 민중과 나폴레옹의 전쟁 중에 목격한 무시무시한 살육과 광기로 치닫는 보복의 연쇄 사슬을 사실적인 그림으로 그려 내며 반전 의지를 불태웠다. 훗날 이를 모아 〈전쟁의 참화〉라는 제목으로 82매의 동판화를 수록한 판화집을 만들었다.

대부분 사람들이 창의력 분야에서는 전문적인 능력보다 다양한
주제에 두루두루 많은 아이디어를 가지는 것이 중요하다고 생각합니다.
그렇게 되면 훌륭하겠지만, 대부분 실망으로 끝나기 십상이지요.
물론, 레오나르도 다 빈치Leonardo da Vinci는 해냈습니다.
그는 위대한 예술가였고, 선도적인 발명가였지요. 다 빈치의 탐구적인
마인드는 다양한 분야에 지대한 영향을 끼쳤습니다.

혹시 당신이 차기 다 빈치가 되려 한다면, 좋아요.
그러나 진지하게 말하지만 그리되긴 어려울 거예요.
다 빈치는 그의 천재성으로 500년이나 세상을 매혹시켜 왔습니다.
장담컨데, 당신이 차기 다 빈치가 될까 하여 내가 숨죽여 바라보는 일은
없을 거예요. 하지만 우리 모두 다 빈치일 필요는 없습니다. 모든 것을
다 빈치랑 비교할 필요도 없지요.

당신이 진실로 위대한 아이디어―미래의 성공 열쇠가 될
아이디어―를 생각해 내고 싶다면, 한 가지 주제나
전문 분야에 집중하는 용기와 결단력이 절대적으로
필요합니다. 이는 당신의 성공에 견고한 토대가 될 것입니다.

집중하라!

일단 어떤 일이 있더라도 한 가지 예술 형태를 마스터하고 나서
다른 것을 시도해 봐야 합니다. 다른 표현 방식을 사용해 실험하고
즐기는 것에는 치유 효과가 있습니다.

당신의 창의적 사고를 활성화시킬 테니까요, 나쁘지 않죠.

그러나 당신의 전문성을 계속해서 쪼개고,
바꿔 간다면 이는 오히려 당신의 성공을 방해할 것입니다.

### 계속 집중하라.

직업상 나는 대단히 창의적인 몇몇 사람들과 작업을 해 왔습니다만,
역시 가장 흥미롭게 대화를 나눈 사람들은 언제나
전문가들이었습니다. 영화제작자나 삽화가, 디자이너 들이죠.
그들은 전문가들이고, 자기 분야에 낮이고 밤이고 매달려 있는
사람들입니다. 자신이 선택한 예술 형태에 온전히 헌신해 온 그들이기에
결국 이러한 것들이 그들의 작품을 특별하게 만들고 있었습니다.

당신이 특별한 작품을 만들고자 한다면,
전문가들과 협업할 가치가 있습니다.

# 연습, 성공의 열쇠
## Practice Makes Perfect

몇 년 전에 신문의 삽화판을 만드는 조각사와 이야기를 나눈 적이 있습니다.
그가 일을 배울 당시는 5년 동안 마스터 조각가 밑에서 견습생으로 일하고,
그러고 나서야 조각 일을  할 수 있는 자격을 얻었다고 합니다. 견습생 시절
첫 18개월은 직선만 그리면서 시간을 보냈고, 이것을 마스터하고 나서야 겨우
원근을 배울 수 있었다고 합니다. 트레이닝을 받을 때 이처럼 엄격해야
한다는 걸 말하고 싶은 게 아닙니다. 그러나 완벽함을 향한 노력은
기술을 마스터하는 데 반드시 필요하다는 것입니다.

말콤 글래드웰Malcom Gladwell은 그의 저서 〈아웃라이어Outlier〉에서
'1만 시간의 법칙'을 얘기합니다. 무엇인가 뛰어나게 잘하려면
최소 1만 시간의 연습을 해야 한다는 것이지요. 1만 시간이
다소 벅차다면 9천 5백 시간이라도 괜찮습니다.
기억해야 할 것은 연습은 즐거워야 한다는 사실입니다.

여러 번 강조하지만, 나는 정해진 규칙을 거부합니다. 그러나
나는 경험을 믿습니다. 그리고 내 경험은 상대가 어떤
대단한 것을 가졌는지 알게 해 주지요.

연습만큼 중요한 것이 있습니다. 당신이 작업하고 있는 것이
무엇이든 완성시켜야 합니다. 그렇지 않고 끊임없이
연습만 하는 것은 무의미합니다.

**연습만이 당신을 완벽하게 만들어 줍니다.**

**연습하고, 또 연습하세요.**

# 새로운 페이지를 넘길 때
## When to Turn Over the Page

아트 스쿨에 다닐 때 실물 그리기 시간 중에 생긴 일입니다.
미술 선생님은 이젤 사이를 돌아다니면서 우리에게 가르침과
조언을 해 주시곤 했습니다. 선생님은 한 학생의 이젤 앞에 서서
모두에게 그림 그리기를 멈추라고 하시고는 이렇게 말했습니다.

여러분, 그림을 그리다 잘못되었을 때 하지 말아야 할 것은
스케치북을 한 장 넘겨 새로운 백지에서 다시 시작하는 것입니다.
잘못된 그림도 제대로 될 때까지 계속 작업을 해야 합니다.
그러고 나서, 한 장을 넘겨 새로운 페이지에 그려야 하는 것입니다.
이것이 오늘 여러분이 배워야 할 것입니다.

선생님은 잠시 뜸을 들였다가 덧붙이셨어요.

우리가 삶을 대하는 태도도 마찬가지라는 생각이 드는군요.

미술과 삶에 대한 선생님의 멋진 충고는 아주 오랫동안 내 머릿속에 남아 있었습니다. 당신이 시작한 일을 성취하기 전까지는 다른 일로 옮겨가지 마십시오. 제대로 마무리할 때까지 계속해야 합니다.

영국의 예술가이자 조각가인 헨리 무어<sup>Henry Moore</sup> 경이 80세 생일에 했던 라디오 인터뷰를 들은 적이 있습니다. 그 인터뷰 진행자가 원래 야단스럽게 말 많고 과장하는 사람이었는지, 아님 무어 경이 그리 생각했는지 모르지만, 그는 진행자의 말을 끊으며 이렇게 말하더군요. "내가 왕립 미술학교를 다닐 때에는 탁월한 조각가가 30명 정도가 있었습니다. 40년 후에 겨우 10명이 남더니, 60년이 지나고 나니 겨우 3명만 남았습니다." 그의 말은 자신이 천재라기보다는 조각을 계속해 왔고, 시간이 지나면서 점점 더 실력이 나아졌다는 것을 뜻하는 것이었습니다. 그의 끈기가 결실을 맺은 것입니다.

이제 와 생각해 보니 무어 경은 천재였습니다.
하지만 그의 말은 분명 일리가 있습니다.
당신의 '그것'이 무엇이건 고집스럽게 계속하지 않는다면,
나중에 자신이 얼마나 훌륭하게 될지는 결코 알지 못할 것입니다.
무어 경이 실력을 갖추고 준비가 되기 전까지는 앞서 비유한
스케치북 페이지를 결코 넘기지 않았다는 것을 확신할 수 있겠지요.

# 협업, 독인가? 약인가?
## Collaboration

아이디어로 성과를 얻기 위해 협업이나 브레인스토밍이
중요하다는 걸 강조하는 책들은 많이 나와 있습니다.

**모두 대단히 친절하고 많은 것을 알려 주지만, 조심하세요!**

협업은 자칫 의견 일치로 변질될 수 있습니다.
그렇게 되면 아이디어는 평범해져 버리죠. 편안한 빈백beanbags의자에
둘러앉아 서로 기분 좋게 손을 잡고 호응해 주는 그런 회의에서는
결코 위대한 아이디어가 나올 수 없습니다.
어떤 사람은 많은 사람들과 브레인스토밍하면
탁월한 것을 만들어 낼 수 있다고 믿지만, 글쎄요.

**협업은 섹스에는 좋을지 모르나 창의성에는 해당되지 않아요.**

협업이 얼마나 필요하고 언제 해야 할지는 당신이 만들고자 하는 것에
따라 달라집니다. 캔버스에 작업을 하는 화가라면, 아마도 다른 사람의
의견을 물어볼 필요가 없을 것입니다. 피카소가 도라 마르<sup>Dora Maar</sup>의
초상화를 그릴 때, 어디에 눈을 그려야 할지 의견을 구하지는 않았을
겁니다. 그러나 프랭크 게리<sup>Frank Gehry</sup>가 스페인의 빌바오<sup>Bilbao</sup>에
구겐하임<sup>Guggenheim</sup> 미술관을 디자인할 때에는 아마도 많은 사람들과
협업을 했을 거라는 생각이 듭니다. 중요한 것은 협업을 하더라도,
모든 프로젝트에는 명쾌하게 비전을 보여 주는 누군가가 필요하다는
것입니다. 구겐하임 미술관의 완성에는 머릿속에 대담한 아이디어를
가지고 있던 크리에이터, 바로 프랭크 게리가 있었습니다.
그는 혼자서 이 탁월한 건축물의 아이디어를 생각해 냈고, 이 아이디어가
머릿속에 자리 잡자마자 자신의 비전을 실현하기 위해 건축가와
구조 엔지니어들과 함께 긴밀히 작업을 했습니다.

당신이 만드는 것이 무엇이든, 하나의 비전을 세우는 일이 기본적으로
중요합니다. 그것이 프로젝트를 이끄는 강력한 추진체가 되니까요.
작업하려는 것이 일러스트레이션이든 거대한 건축물이든
당신이 세운 비전에 따라 언제 어떻게 누구와 협업할지 아는 것이
곧 프로젝트의 성공 여부를 결정할 것입니다.

옛말에 누구도 위원회를 위해 기념비를 세운 적은 없다고 했습니다.
평균치의 아이디어를 원한다면 브레인스토밍은 아마도 좋은 출발점이
될 수 있습니다. 하지만 누가 평범한 아이디어에 흥미를 가질까요?

# 최고의 파트너십
## Two's Company

창의성이란 비전에는 예외 사항들이 있습니다.

## 기억하죠? 정해진 규칙이란 없습니다!

광고 산업에서 가장 훌륭한 관행 중 하나는 두 사람이 짝을 지어
작업하는 것입니다. 두 사람이 함께 문제를 풀고, 스크립트를 쓰고,
작곡하는 등의 일을 합니다. 로저스Rodgers와 해머스타인Hammerstein,
존 레논John Lennon과 폴 매카트니Paul McCartney,
돌체Dolce와 가바나Gabbana를 떠올려 보세요.
당신 혼자 모든 걸 다 잘할 수 없다는 것을 기억해 두세요.
그래서 당신의 취약한 부분을 채워 줄 누군가와
같이 일을 하는 것이 매우 중요합니다.
렌조 피아노Renzo Piano와 리차드 로저스Richard Rogers,
키이스 리차드Keith Richards와 믹 재거Mick Jagger가 같이
작업을 한 이유도 여기에 있지요.

같이 일하는 것은 재미있게 일하는 방식이기도 합니다.
서로의 아이디어를 주고받으면서 터무니없는 생각도 실험해 보고,
더 잘하기 위해 도전도 하고, 더 큰 꿈을 꾸기도 하지요. 이 파트너십이
효과적으로 되려면 두 사람이 상반된 다른 영역에 있는 것이
중요합니다. 두 사람은 서로의 메아리가 되어서는 안 됩니다.
서로 다른 경험, 지식, 상식 등을 나눌 수 있어야 진정한 협업이지요.

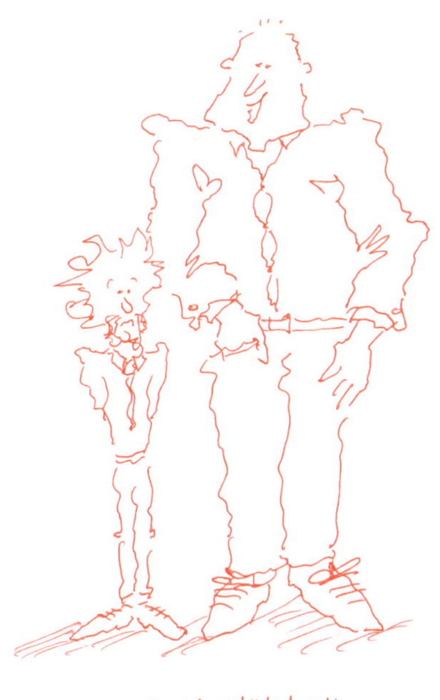



광고계에서 최고의 파트너십은 아트 디렉터와 카피라이터의 조합입니다.
아트 디렉터는 시각적으로 생각하고, 카피라이터는 언어적으로 생각을
합니다. 이처럼 시작점이 각각 다른 두 사람이 서로 만나 교류하면
새로운 불꽃을 만들어 낼 것이고, 이 불꽃은 분명 가치 있는
참신한 아이디어를 이끌어 낼 것입니다.

서로 다른 둘이 뜻이 맞는 것은 놀라운 일이죠.
함께 음악을 들으며 고개를 끄덕이는 모습은 보기에도 좋지요.
그러나 주의하세요! 탁월한 아이디어를 만들어 낼 때는 아니니까요.

# 성찰하라
## Reflection

이 말은 거울 속의 자신을 들여다보라는 게 아닙니다.

당신이 만든 작품에서 뒤로 물러나 그 가치를 평가하는
능력에 관해 말하고자 합니다.

**왜,** *이것이 중요할까요?*

창의성은 객관적으로 추구할 수 있는 것이 아닙니다.
창의성의 가치는 다른 것처럼 측정할 수도 없습니다.
'예방백신은 효과적일까?', '철골로 된 대들보가 건물을
지지할 수 있을까?' 이 같은 질문은 정답과 오답이 있지만,
창의성은 대개 주관적입니다.

창의성의 가치는 만들어지고 나서 한참 후에나 확인되곤 합니다.
반 고흐<sup>Van Gogh</sup>는 그의 생전에 작품 하나를 겨우 팔 수 있었습니다. 그것도
자신의 아우에게요. 이제, 그의 작품들은 어떤가요? 수백만 달러에 팔리고 있지요.

당신이 작품을 만드는 동안에는 작품의 가치 평가를 다른
기준으로 해야 합니다. 작업의 특성상 매우 개인적인 기준이 되겠지요.

순간적인 판단과 재빠른 결정은 종종 형편없는 작품을 낳게 합니다.
당신의 생각에서 뒤로 물러나서 소위 '하룻밤 생각하기 테스트'를
해 보는 게 꼭 필요합니다. 불행히도 요즘 세상에서
자주 허용되지는 않지요. 의뢰인들은 늘 이렇게 말하니까요.

**"나는 지금 당장, 그것을 원해요."**
**"내일은 너무 늦습니다."**

시간은 창의성을 발휘하는 데 있어 최고의 친구이지만,
그 누구도 당신에게 시간을 충분하게 주지는 않을 것입니다.
그래서 스스로 시간을 벌어야 합니다.

당신의 아이디어가 철저한 검증을 뚫고 살아남을 수 있을지
측정하려면 성찰을 해 봐야 합니다. 디지털 기술 덕분에 세상
모든 것이 가속화되고 있지만, 그럴수록 속도를 늦추는 것이
중요하다는 사실을 기억해야 합니다.

**우리의 뇌는 여전히 아날로그 세계에서 작동하고 있으니까요.**

# 나쁜 날씨 효과
## Bad Weather

창의성이 역경 속에서 꽃피운다는 것은 의심할 여지가 없습니다.
너무 편안한 환경에서는 창의성이란 샘물은 더 이상 흐르지
않고 메말라 버립니다. 가난하고 굶주린 예술가가 낡고 좁은
다락방에서 집요하게 작업을 하고 모든 에너지가 소진될 때까지
작품에 몰두하는 것을 우리는 쉽게 상상하곤 합니다. 배고픔이
위대한 아이디어를 위한 최상의 자극제라고 말하는 건 아니지만,
창의적인 작업을 하는 사람에게 있어서 약간의 불편은 그만한
가치가 있다고 나는 믿습니다.

**나쁜 날씨를 즐겨라.**

*왜?*
나쁜 날씨가 아이디어를 떠올리기에는 정말 좋기 때문입니다.

나는 아름다운 도시 시드니를 매우 좋아하긴 하지만,
어쩐지 창의성을 발휘하기에 좋은 곳은 아니라는 생각이 듭니다.
이유는 시드니의 날씨입니다. 너무 좋다는 거지요. 당신이 시드니에
있다면 창밖 너머로 쏟아지는 눈부신 햇살을 보며 아이디어를
떠올려야겠지요. 하지만 이내 해변가의 술집에서 당신을
유혹하는 전화가 올 것입니다. 얼음에 재워 놓은 차가운 맥주가
기다리고 있다고 말이죠.

### 당장 해변가로 달려나가지 않을 수 있을까요?

왜 할리우드가 그저 그런 영화를 만들어 내는지는 멋진 날씨가 말해
줍니다. 선셋 호텔 풀장에서 즐기는 수영이 이렇게 좋은데, 누가
상투적인 영화 대본을 고쳐 오스카 수상작으로 만들려고 애를 쓸까요?
화창한 날씨가 영화 제작에는 더없이 멋지지만, 대본을 쓰기에는
그다지 좋지 않다는 겁니다.

반면에, 런던은 언제나 세계에서 가장 위대한 창의성의 도시 가운데 하나로 꼽힙니다.

**왜 그럴까요?** 날씨가 형편없기 때문이지요.
런던을 창의적인 도시로 만들어 주는 비장의 카드는 비입니다.
런던에서 바비큐 모임에 가고 싶다고요? 관두세요!
매년 여름 수천 개의 바비큐 그릴이 팔리지만,
사용도 않은 채 녹슬어 결국은 쓰레기 매립지에 묻힙니다.

당신이 일하는 곳이 어디든 일기예보를 확인해 보세요.
햇빛이 내리쬐고 비가 충분하지 않는 곳이라면,
날씨가 나쁜 지역으로 옮기세요. 정말로 나쁜 곳으로 말이죠.
나쁜 날씨가 창의성이란 샘물을 흐르게 만든다는 것은 놀라운 일입니다.

# 건강한 에고
## Ego

창의적인 사람에게 에고는 적이자 친구이기도 합니다.

에고는 '나' 또는 '자기'로 정의할 수 있습니다. 창의성이 자기를
표현하는 것이라면, 건강한 에고를 갖는 게 중요하겠지요.
자신이 하는 일에 대한 믿음이 건강한 에고를 만듭니다.

당신이 진정 위대하다면 벽을 허무는 작품, 사물을 보는 방식을 변화
시키고, 우리의 시각적인 지평을 바꾸어 줄 작품을 만들어 낼 것입니다.

레오나르도 다 빈치의 〈모나리자Mona Lisa〉는 이전까지 사람들이 알고
있던 초상화의 방식을 바꾸어 놓았습니다. 다 빈치는 〈모나리자〉의
피부를 놀라운 정도로 밝게 했을 뿐 아니라, 독특하게도 시선이
정면을 주시하도록 그려 관객이 작품과 진실되게 마주하게 했습니다.
초상화는 다르게 그릴 수 있고, 다르게 그려져야 한다는
다 빈치의 신념은 〈모나리자〉를 세계 최고의 작품으로 만들었습니다.

하지만 지나친 에고는 당신의 몰락을 초래할 수 있습니다. 그것을
자만심이라고 하지요. 자만심은 당신과 관객과의 접촉을 끊어 버리고,
당신의 생각을 막다른 골목으로 몰아갑니다.

에고와 자만심 사이의 줄타기는 늘 아슬아슬해서 쉽지 않습니다.
우리가 긍정에서 부정으로, 에고에서 자만심으로 변하는 것을
어떻게 알 수 있을까요?

나는 간단한 질문 하나로 상대방의 상태를 판단하곤 합니다.
"요즘 작업은 좀 어때?" 만약 상대방이 자신이 작업한 모든 것이
훌륭하다고 떠들어 댄다면 결론은 뻔합니다. 그의 에고는 자만심으로
바뀌었고, 모든 것이 잘못되기 시작하는 것은 바로 이때부터인 것이지요.

요즘 당신의 작업은 좀 어떠십니까?

# 자만을 경계하라
## Hubris

창의적인 일은 매우 견디기 힘든 직업 중 하나입니다. 아니, 잔혹합니다.
결과에 따라 두말 않고 보상을 해 주는가 하면 가차 없이 응징합니다.
어떠한 타협도 없고 쌓아온 명성에 대한 존중도 없습니다.
일을 계속하면 할수록 더욱더 힘들어집니다. 우리는 얼마나 많은
창의적인 사람들이 최고가 되었다가 한순간 추락해서 사라져 버리는지
보아 왔습니다. 1분 찬란했다가 비참하게 무너져 버리지요.

자만은 창의성의 최대의 적입니다. 이기주의의 자연스러운 결과물이지요.
그러나 자만은 자신에 대한 절대적인 믿음이며 총체적 오만이란 점에서
이기주의와는 다릅니다.

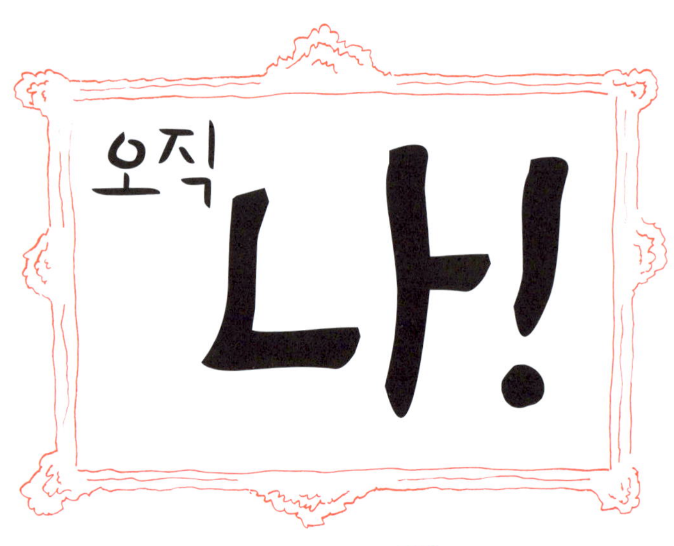

에고가 '주관적인 나'에 관한 모든 것이라면, 자만은 '사회적인 나'에
대한 모든 것, 자신의 천재성에 대한 절대적인 믿음입니다.

물론, 자신이 하는 일을 믿어야 합니다. 그러나 모든 것이
그렇듯이 과도한 믿음은 자신을 망가뜨릴 것입니다.
이것으로부터 자신을 지키는 한 가지 방법은 신뢰할 수 있는
목소리를 찾는 일입니다.

**진심으로 진실을 말해 주는 사람이 바로 당신이 의지할 수 있는 사람입니다.**

문제는 누구든 성공하면 이런 목소리로부터 차단된다는 점입니다.
자기도 모르는 사이에 우리는 자기의 의견에 동조하는 사람들로
둘러싸여 있게 됩니다. 젊고 통찰력 있던 직감은 사라지고,
퇴색된 진부한 생각들이 자리하겠지요. 위대함의 메아리는 있겠지만,
애석하게도 더 이상 강렬함은 남아 있지 않을 것입니다.

**진정으로 위대해지려면 당신은 귀 기울여야 합니다.**
**겸손해야 하고, 자신의 취약점을 인식해야 합니다.**
**장담하건데, 그건 분명 쉽지 않은 일입니다.**

# 편집, 새로운 창조
## Editing

누구나 아이디어는 낼 수 있습니다. 사실 많은 사람들이 아이디어를 쉽게 내놓습니다. 중요한 건 어떤 아이디어가 위대한지 어떤 아이디어가 마음 가는 대로 쏟아 낸 것인지 구분하는 능력이지요.

*이래서 편집 능력은 점점 더 중요해지고 있습니다.*

편집은 작업 중에 아이디어가 불필요하게 복잡한 요소들에 의해 방해 받지 않도록 하는 것일 뿐만 아니라 제대로 된 아이디어로 작업하고 있는지 확인하는 것입니다.

**제대로 된 아이디어를 찾아 내는 것은 아이디어를 만드는 것만큼이나 중요한 일입니다.**

나는 끊임없이 아이디어를 쏟아 내지만 변변한 결과를 내지 못하는 사람들을 잘 알고 있습니다. 이들의 문제는 어떤 아이디어가 탁월하고, 어떤 아이디어가 쓸모없는 것인지 전혀 모르고 있다는 점입니다. 방법은 있습니다. 이것이 내가 앞서 당신이 신뢰하고 창의적으로 의지할 수 있는 누군가와 팀을 구성하라고 당부한 이유입니다. 이런  관계 속에서 팀은 서로를 위한 편집자가 될 수 있습니다.

창의적인 작품을 앞에 두고 주관적이면서 동시에 객관적이기란 정말
어려운 일입니다. 위대한 아이디어는 주관적인 관점에서 나오지만,
그것이 먹힐지 아닐지 여부는 객관적으로 검토해야 합니다.
이 두 번째 객관적인 단계를 편집이라고 합니다.

편집은 단지 내용을 삭제하는 것이 아니라, 무엇이 가치가 있고
어떻게 그 가치를 증폭시킬 수 있을지를 이해하는 과정입니다.
미술관에서는 이를 '큐레이팅'이라 합니다. 미술품을 어떤 순서로
보여줄지, 어떤 미술품이 주목을 받아야 하고 어떤 미술품을
제외시킬지를 결정하는 일련의 과정이지요.

# 예측, 빛과 그림자
## Don't Second-Guess

대부분 창작자들은 타깃 청중을 정확하게 알면 알수록 작품이 더더욱
좋아질 것이라고 믿습니다. 이 때문에 창의적 산업에서는 시장조사를
끊임없이 하지요. 이러한 조사는 언뜻 어둠을 밝혀 주는 빛처럼
보이지만, 실상은 그렇지 않습니다. 특히 영화 산업과 광고 산업은
시장조사라는 이름으로 쏘아 주는 헤드라이트 불빛 안에 갇혀 있습니다.

**자동차 왕 헨리 포드가 한 유명한 말을 인용해 볼까요?**

내가 사람들에게 무엇을 원하는지 물었다면,
그들은 더 빠른 말이라고 대답했을 것이다.

대신에 포드는 그들이 살 만한 자동차를 생각해 냈습니다.

의견이 일치되면 예측이 가능해집니다.
그러나 위대한 작품은 예전에 접해본 적이 없었던
아이디어와 생각을 보여줌으로써 사람들을 놀라게 합니다.
인상적인 아이디어가 주는 황홀함이 이것입니다.

**맷 그로닝**Matt Groening이 〈심슨 가족〉을 생각해 냈을 때, 시장조사 결과를
따랐다면 이 문제 가족의 캐릭터는 결코 탄생할 수 없었을 것입니다.
작가는 그저 심슨 가족이란 독특한 인물들을 통해 우리가 살고 있는
세상을 관찰하고자 했을 따름입니다.

영감을 주는 것은 공식에 따라 문제를 푸는 수학적인 프로세스가
아닙니다. 자신도 깜짝 놀라고 다른 사람도 놀라게 해야 합니다.
창의성에는 우연성이 많이 작용합니다. 경멸 대신 축하 받아
마땅한 우연성인 것이지요. 사전에서 '놀라다'를 찾아보면 어디에도
'예측한대로'란 뜻은 없을 거예요. '놀라움'이라는 단어와 '예측'이라는
단어처럼 어울리지 않는 말이 또 있을까요?

# 유행을 따른다는 것
## Beware of Fashion

우리는 유행이 주도하는 세상에 살고 있습니다.
먹는 음식에서부터 사는 곳, 운전하는 차에 이르기까지
트렌드는 우리의 일상 생활은 물론 의사 결정 과정에까지
큰 영향을 끼치고 있습니다. 왜 그럴까요?

요즘 기술들은 소비자의 요구를 거의 다 충족할 만큼 발달해서, 다양한
기능들은 당연시되고 있습니다. 예컨대 자동차는 이제 고장도 잘 나지 않습니다.
TV수리공을 부른 게 언제였던가요? 운동화를 수선한 건 언제였죠?

우리가 결정, 특히 상품 구매 결정을 할 때는 세상에 이렇게
말하고 싶어서죠. "나 좀 봐. 나는 앞서가고, 의식 있고, 핫한 게 뭔지
아는 사람이야." 유행을 따른다는 것은 이런 자신을 전달하는
가장 빠른 방법이지요.

하지만 창의적 작업을 할 때 유행에 발을 담그는 것은 위험합니다.
예측이 틀릴 수도 있고, 작품을 완성했을 때 세상은 이미 저만치 가 있을
것이기 때문입니다. 이런 이유에서 유행을 위해 유행을 쫓는 것은
반드시 실패로 끝나게 되어 있습니다.

그러면 도대체 어떻게 하냐고요? 답은 혁신에 있습니다.
색다른 것을 시도하고 대중을 따르지 않는다면 당신은 오히려
유행을 선도하게 될 것입니다.
부수적으로 따라오는 것은 재미죠. 유행하는 것과 유행이 아닌 것, 이런
것으로 세상을 마음껏 움직여 보는 것은 미치도록 신나는 일입니다.

발명가이자 디자이너인 제임스 다이슨James Dyson이 이룬 것이 바로 이런 것이죠.
그는 먼지봉투 없는 진공청소기를 만들었습니다.
진공청소기의 작동 방식을 혁신적으로 바꾸었을 뿐만 아니라 청소기의
스타일도 바꾸었습니다. 그 결과, 진공청소기를 누구나 가져야 할 것 같은
'필수 소비재'로 탄생 시켰습니다.

**진공청소기를 패셔너블하게 만드는 것,
그것이 최고의 창의적 업적이 된 것이지요.**

# 타이밍 만들기
**Timing**

타이밍은 토론이 불가능한 주제 중 하나입니다.

어떤 사람들은 인생에서 타이밍이 전부라고 말합니다.
아무리 눈부신 아이디어라도 타이밍을 맞추지 못하면
실패하기 마련이니 틀린 말은 아니지요.

그러면 이런 질문은 어떤가요?
진정으로 훌륭한 아이디어라면, 타이밍을 극복할 수 있을까?

이는 당신의 창의성이 어디서, 어떻게 사용되느냐에 달렸겠지요. 만약
당신이 애플의 수석디자이너인 조너선 아이브Jonathan Ive라면,
창의성은 기술에 영향을 받겠지요. 성공은 기술 혁신에 부합되는
창의적 해법을 찾는 데 있을 겁니다. 반면에 당신이 극작가라면 성공은
뛰어난 대본, 그리고 시대의 흐름을 탔는지 여부에 달려 있을 테지요.

물론 그들이 타이밍을 맞춰 주도했는지는 아무도 모르지만,
다음과 같은 질문들을 던져 보면 알게 될 것입니다.

나는 현재 일어나고 있는 일들의 흐름을 속속들이 잘 읽고 있는가?
내 아이디어는 사람들에게 영감을 주고 있는가?
내 아이디어는 대담하거나 도전적인가?
내 아이디어는 진실을 건드리는가?
내 아이디어는 사람들의 관심을 사로잡고 화젯거리가 될 것인가?

## 내 아이디어는 신선한가?

이 책에서 나는 줄곧 비슷한 질문을 던져 왔습니다.
그리고 또 계속 질문을 할 것입니다. 이 질문들이 창의성을
촉발 시키고 영감을 주는 열쇠이기 때문입니다.

위대한 아이디어는 스스로 타이밍을 만듭니다. 그게 바로 당신이
탐색해야 하는 것입니다. 세상 돌아가는 일에 파장을 맞추고, 자각하고,
민감하게 느끼고, 또 열린 마음을 유지할 때 당신은 타이밍을 만드는
조건을 갖출 수 있게 됩니다.

**자신의 타이밍을 만드세요.**
**걱정 따위는 하지 마세요.**
누구도 미래를 예측할 수 없으니까요.
나는 나의 묘비명에 이렇게 새기려고 합니다.

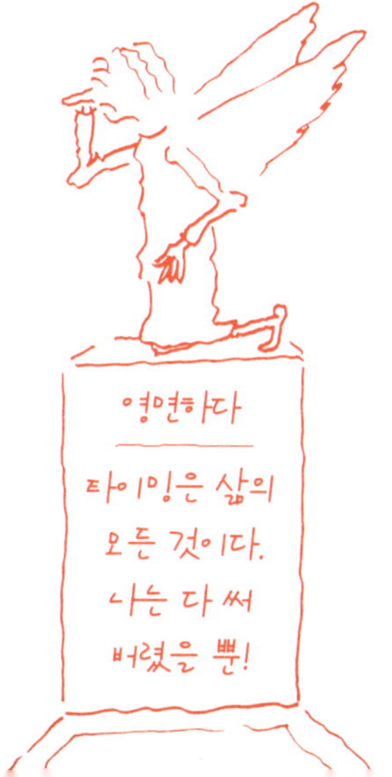

# 마음을 사로잡는 프레젠테이션
## Presentation

판매는 창의적인 직업군에서 가장 과소평가되는
스킬 중 하나입니다.

완벽한 세상이라면 모든 사람들이 천재를 바로 알아볼 테니까,
어떤 예술가도 자기의 비전이나 작품을 굳이 팔려고 애쓸
필요조차 없겠지요. 하지만 이곳은 완벽한 세상이 아닙니다.
그런데 완벽한 세상이 아니라는 게, 어떤 면에서는 당신의 창의성을
건드리는 자극제가 됩니다. 조금 다른 관점이긴 합니다만.

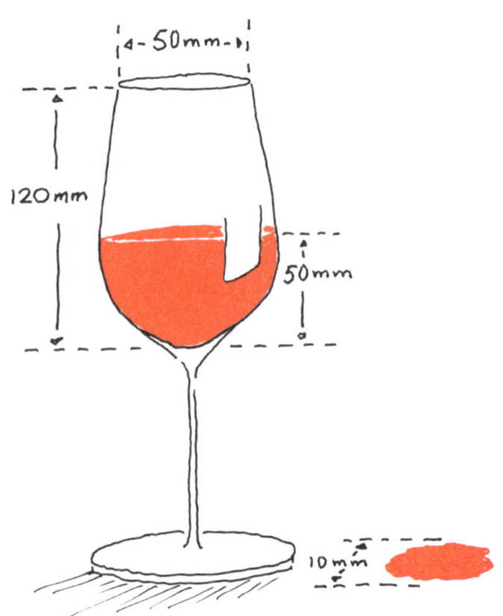

아이디어를 파는 능력은 좋은 아이디어를 갖는 것만큼이나 중요합니다.
당신 작품의 진수를 보여 줄 단 한 마디 말이 있다면 작품을 사는
사람들을 설득하는 데 결정적인 역할을 할 것입니다. 일반 대중의
이해도 도울 수 있지요. 큐비즘, 초현실주의, 팝아트 등과 같은 명칭도
각각의 예술 운동의 진수를 잘 드러내어 일반 대중의 접근을
쉽게 하려는 시도들입니다.

**위대한 아이디어란 세상과 공유했을 때 진정으로 위대한 것입니다.
효과적으로 세상과 공유하기 위해서 자신이 창조해 낸 것의
정의를 내릴 수 있어야 합니다.**

광고계에서는 이를 '아이디어 피칭'이라 하죠. 이 기술을 필수적으로
마스터해야 합니다. 편집자에게 원고를 팔든, 프로듀서에게
TV 쇼를 팔든 무엇이든 마음을 사로잡는 강력한 프레젠테이션은
성공과 거절을 가르는 데 결정적인 역할을 합니다.

아이디어 피칭을 할 때는 간단하게 만드는 것이 중요합니다.
듣는 사람들의 머릿속에 당신의 아이디어가 펼쳐질 수 있도록 해야 합니다.
재치의 진수가 간결함에 있듯이 성공적인 프레젠테이션도 마찬가지입니다.

물론 당신이 죽은 뒤에 일련의 작품이 발견될 수도 있겠지요.
정말 재미없는 일이지만 말이죠. 애석하게도 많은 위대한 예술가들이
죽은 뒤에 천재성을 인정 받았습니다. 건방지게 들릴지 모르겠으나,
그들이 좀 더 프레젠테이션을 잘했더라면 어쩌면 획기적인 작품들
몇 개는 살아 있을 때 인정 받았을지 모릅니다.

# 명성의 힘
## The Power of Fame

명성, 그것은 힘이 있습니다.

위대한 창의성은 타깃 청중을 초월해서 폭넓게 대중을 사로잡는
생명력을 가지고 있습니다. 그래서 아이콘이 되는 것이지요.
이는 즉각 사람들 눈에 띄고 강력한 영향력을 발휘합니다.
이런 위치에 도달하면, 뒤따르는 모든 것의 기준점이 되고
사물을 보는 방식을 다시 쓰게 되지요.

애플의 아이폰, 프랭크 로이드 라이트Frank Lloyd Wright의 낙수장Falling water[1]
또는 르 코르뷔지에Le Corbusier의 LC2 소파[2]를 떠올려 보세요. 이러한
창작품은 산업과 라이프 스타일을 바꾸었습니다. 그들은 명성과 인정을
얻었고, 전 세계 사람들에게 숭배를 받게 되었지요.

미국을 대표하는 근현대 건축가인 프랭크 로이드 라이트가 에드거 J. 카우프만의 의뢰를 받고, 폭포 위에 지은 별장. 주변 자연과의 조화를 이루는 건축물로 미국 건축사에서 걸작으로 평가 받는다.

## 그들은 과연 어떻게 한 것일까요?

그들은 관습에 도전했고, 대담하고 색다른 방식으로 시도했으며,
미래의 변화를 예측했지요. 이 창조자들은 아이디어를 내고
그것을 실행할 때 타협하지 않았습니다.
자신들의 비전을 믿었고 집요하게 그것을 추구했지요.

## 하지만 주의하세요! 명성은 소중한 만큼, 함정이 될 수도 있습니다.

일단 명성을 얻게 되면, 사람들은 당신이 점점 더 창의적인 것을
만들기를 기대할 것입니다. 하지만 뭔가 다른 것을 만들어 내는
일은 점점 더 어려워집니다. 배우의 경우, 고정된 배역을 맡으면
한동안은 좋을 수 있으나 곧 부담이 되기 시작합니다.
배우는 명성을 떨쳐 내고 자유로워질 용기가 있어야 합니다.

당신은 그런 용기를 가지고 있나요?
당신의 새로운 시도와 도전을 사람들이 받아들일까요?
시도해 보지 않는다면, 결코 알 수 없을 것입니다.

▌ 현대 건축의 기틀을 세운 건축가 르 코르뷔지에가 만든 소파. 철제 프레임에 5개의 사각 가죽 쿠션을 끼워 넣은 LC2의 디자인은 모더니즘 가구의 정점이라고 평가 받는다.

# 실패도 계획한다
## Failures

많은 사람들이 실패는 배울 수 있는 기회라고 말합니다.
이런 말은 언뜻 현명해 보이고, 처세에 능해 보이기도 합니다.

**글쎄요,
나는 실패는 멍청한 짓이라고 말하고 싶습니다.**

잊어라.

## 실패를 곱씹지 마라.

## 앞으로 전진하라.

당신이 진정 창의적이고 이전에 본 적이 없는 정말로 신선한 작품을
창조하기 위해 노력하고 있다면, 당신은 다른 사람들의 의심에 맞서
싸워야 합니다. 그럼 당신의 작품은 "와, 정말 다르네요" 또는
"전에 본 적이 없는 것이에요"라는 말로 환영 받게 될 것입니다.

**아이디어는 색달라야 합니다. 색다름이 위대함을 만드는 것입니다.**

문제는 과거에 실패한 경험들입니다. 의심의 소리가 들려오면,
갑자기 당신은 자신의 아이디어를 의심하기 시작할 것입니다.
그리고 이렇게 생각하게 되죠. '그들이 옳을 거야.',
'어쩌면 이것은 내가 생각한 만큼 위대하지 않을지 몰라.',
'좀 더 익숙한 것을 만들어야겠지.'

**절대로 안 됩니다! NO! NO! NO!**

당신의 아이디어가 먹히지 않을 가능성도 있습니다. 그러나 그렇다
하더라도 위대한 작품을 만들고 싶다면, 감수해야 할 위험입니다.
평범한 것은 만들기 쉽죠. 하지만 세상에는 당신 말고도 평범한 것을
만들 수 있는 사람들로 가득 차 있습니다.

만약 실패를 하지 않았다면, 당신은 실제로 시도도 하지 않은 것입니다.

**실패를 계획해 보세요.
그러나 실패했을 때, 곱씹지는 마십시오.**

# 돈, 돈, 돈
## Money, Money, Money

너무나 많은 사람들이 창의적 직업군에서 기회가 아닌 돈을 쫓다가
무너지곤 했습니다.

창의성은 육성되어야 하고, 보살피고, 투자되어야 하는 영역입니다.
돈이란 그저 당신의 경력만 착취할 뿐입니다. 경력의 지속성이나
당신의 미래에는 아무 관심이 없지요.

물론, 돈은 중요합니다. 모든 것을 원활하게 움직이게 하고,
융자금을 갚아 주고 때로는 자유마저 살 수도 있으니까요.

그러나 꼭 기억하십시오.

돈이 목소리는 가지고 있다 해도, 영혼을 가지고 있지는 않습니다.
돈은 도구이지 철학이 될 수는 없습니다. 당신이 창의적인 직업을
추구할 때-다른 어떤 직업이든 마찬가지겠지만-돈 벌기를
유일한 목적으로 삼아 보십시오. 십중팔구 당신의 커리어는
아주 짧게 끝나버리거나 쓸모없어질 것입니다.

부자가 되는 최상의 방법은-원한다면-세상이 원하고 감탄하는 것을
발명하는 것입니다. 우리의 상상력을 사로잡는 어떤 것, 정서적으로나
육체적으로 더 기분 좋게 만들어 줄 어떤 것을 말이지요.

당신이 사랑하고, 사고 싶어할 것을 만들어 내세요. 그것이 앞으로
나아가는 최상의 방법입니다. 돈을 최상의 가치로 두고 창조한다면
당신의 아이디어는 이류로 끝나고, 끝내 부자가 되지도 못할 것입니다.

# 비평을 이겨 내는 법
## Don't Read About Yourself

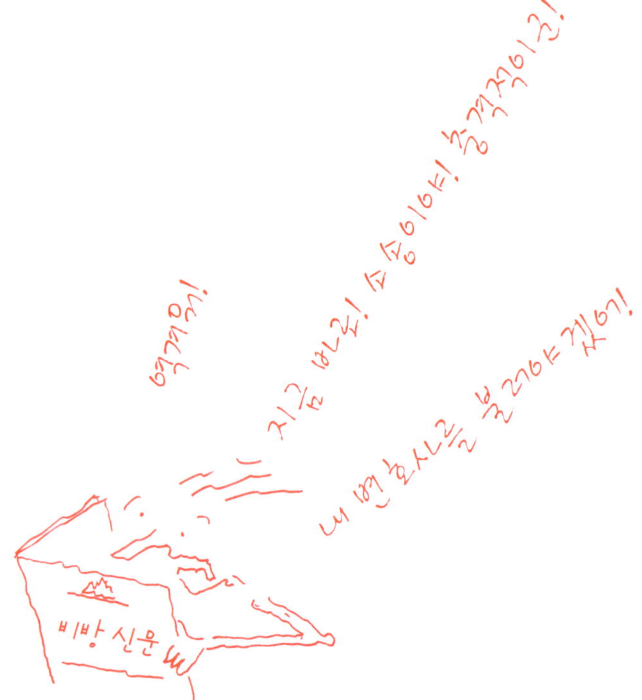

신입사원 시절에 선배에게 멋진 충고를 받은 적이 있습니다.
*언론에 보도된 너 자신이나 작품에 관한 기사는 어떤 것이라도 읽지 마라.*

당신에게도 이럴 가능성은 있습니다. 당신이 논란거리가 될
어떤 것을 창조해 냈다면, 몇몇 재능 없는 비평가들이 작품을
두고 비방해 댈 것이니까요.

*왜 그러는 걸까요?*

불행히도 칭찬보다는 트집 잡는 것이 더 쉽습니다. 비평가들은 그렇게
하면 자신이 스마트해 보일 거라고 생각하고, 언론은 그런 비평들이
신문 판매를 늘여 준다고 믿고 있으니까요.(오늘날에는 온라인도 있지요)

**최고이자 유일한 대응법은 '무시하라'입니다.**

당신이 비평가들의 말장난에 관심조차 없음을 보여 주는 것만큼
그들을 화나게 만드는 건 없습니다. 비평이든 냉소든, 더 크게
떠들라고 거기에 산소를 공급해 주지 마십시오. 그들이 추구하는
모든 것은 자신에 대한 홍보라는 것을 알고, 당당히 맞서세요.
비평을 읽지 않음으로써 얻게 되는 보너스는 '화가 나지 않는 것',
'부정적인 것에 귀중한 에너지를 쓰지 않아도 되는 것'입니다.

무시하세요. 당신은 이기고, 그들은 집니다.

# 기교의 가치
## Craft

**여섯 사람이 똑같은 농담을 하는데, 단 한 사람만이 당신을 웃게 합니다.**
*왜?*

그 사람은 이야기에 필요한 타이밍과 리듬을 제대로 이해했기 때문입니다.
그리고 그것을 어떻게 이용할지를 알고 있습니다.

**이것이 기교입니다.**
애석하게도 우리는 기교의 가치를 평가절하하는 세상에서 살고 있습니다.
기술의 발달로 우리는 이전보다 더 많은 것을, 더 빨리할 수 있게
되었지요. 그렇다고 우리가 질적으로도 전보다 더 나은 걸
생산하고 있다는 뜻은 아닙니다.

**뭔가를 빨리하는 것과 잘하는 것은 다릅니다.**

앞서 말했듯이, 기술이 우리의 표현 능력을 확장시켰을지 모르나 반대로
우리의 창의성은 가릴 수 있습니다. 녹음실에서 음향기기 기사를 붙들고
얘기해 보면 동의할 겁니다.

자신이 선택한 매체에 맞는 기교를 알고, 최고의 효과를 내기 위한
방법을 이해하는 것이 성공을 좌우합니다. 창의적 아이디어가 80%라면,
실행 역시 80%에 해당합니다. 이 두 모순 사이에서 균형을 잘 잡는 게
무엇보다 중요합니다. 자신이 선택한 직업에서 기교의 가치를
알고 잘 이용하는 것이 성공에 대단히 중요한 역할을 할 것입니다.

같음
탐구
다름
대답

**타성은 창의성을 방해합니다.**

창의적인 일을 하다 보면 생각이 꽉 막혀 버릴 때가 많습니다.
뭔가 색다른 걸 찾아 내려고 머리를 짜내 보지만, 아무리 애써도
전혀 생각이 나지 않을 때가 있습니다. 영감이 떠오르지 않는 겁니다.

이런 상황은 하나도 이상할 게 없으니, 겁먹지 마세요.
이런 틀에서 벗어날 아주 간단한 방법을 알려드리지요.

**자리를 바꾸세요.**

사람은 습관의 동물입니다. 우리가 하는 행동의 많은 부분들은—멈춰서서 의문을
품어 보지 않은 것이었다면—오랜 시간에 걸쳐 프로그램화 된 것들입니다. 매일의
일상은 대단히 중요합니다. 그러나 당신이 새로운 아이디어를 떠올려야 하는
일을 하고 있다면, 주목 받을 만한 진짜 신선한 아이디어를 떠올리고 싶다면,
타성에 젖은 일상을 바꾸는 게 좋을 것입니다.

당신이 광고 회사에서 일한다고 가정해 봅시다. 당신과 당신 팀의
행동이 일상에 의해 얼마나 지배되는지 생각해 보세요.
여느 때처럼 당신은 아침에 출근해서 평상시처럼
자리에 앉아 커피를 한 잔 마시고, 그러고 나서 비상한
아이디어를 떠올리려고 애쓰겠지요.

**하루하루가 여느 때와 다름없다면, 어떻게 특이한 것을 만들 수 있을까요?**

이런 단조로움을 깨는 쉬운 방법이 있습니다. 자리를 바꾸는 거죠.
비록 몇 발짝 움직인 것뿐인 데도 당신의 관점은 달라지고,
당신의 두뇌는 모든 사물을 다른 각도에서 보고 생각하게 될 것입니다.
사물을 달리 보는 순간, 당신의 상상력은 활발하게 움직입니다.

한 단계 더 나가고 싶다면, 도시를 바꾸거나 가능하다면 대륙을
바꾸어 보세요.(나쁜 날씨가 있는 도시로만 말이죠.) 비행기표 한 장이
당신의 창의성에 어떤 영향을 끼치는지 알면 놀랄 겁니다.
내가 가장 창의적인 아이디어를 생각해 냈던 시기도 뉴욕으로
건너가 2년간 일을 했을 때니까요.

기억하세요! 위대한 작품은 오리지널이 아닐 수 있습니다만,
신선할 수는 있습니다. 그리고 신선한 작품을 만드는
첫 단계로 다른 자리에 앉아 보세요.
적어도 당신은 신선한 관점은 가질 수 있을 것입니다.

# 매카트니 신드롬
## The McCartney Syndrome

대다수 정치인의 커리어는 처참한 실패로 끝난다고들 합니다.
마찬가지로 창의적인 커리어도 진부함으로 종지부를
찍는 경우를 흔히 볼 수 있습니다.

**끊임없이 도전적인 아이디어를 내는 것은 전성기에도 힘든 일입니다.**

나는 유명한 영화제작자들과 함께 토론을 한 적이 있는데,
그저 yes라고 말하기 위해 온 사람들이 많아 적잖게 실망을
했습니다. 이미 말한 것처럼, 진실함은 탁월한 아이디어를
이끌어 내기 위한 핵심입니다. 아이디어를 내고 평가를 할 땐
진실함이 가장 중요합니다.

**위대한 사람들은 자신의 생각에 이견을 말해 줄 누군가를 필요로 합니다.
그 누군가는 믿고 존경할 만한 사람이어야겠지요.**

**모든 매카트니는 레논을 필요로 합니다.**

애석하게도 폴 매카트니는 존 레논을 잃었지만, 이후에
〈Mull of Kintyre〉'를 만들었습니다. 이것은 〈Yesterday〉
〈Eleanor Rigby〉와 그 외 무수한 명곡들을 만든
폴 매카트니의 힘이지만, 그가 존 레논과 함께 작업하면서
배우고 느꼈던 것들이 바탕이 되었을 것입니다.

**당신의 레논을 지켜야 합니다.**



---

비틀스 해체 이후, 폴 매카트니가 결성한 그룹 '윙스'에서 1977년 발표한 곡.

# 지금, 이 순간을 산다
## Think Short Term

사람들은 종종 나에게 묻습니다.

앞으로 5년간의 계획을 가지고 있으십니까?

나의 대답은 언제나?

아뇨, 5분 계획은 가지고 있습니다.

이런 나를 두고 무책임하다고 말하겠지요.
뭐, 틀린 말은 아닐 수도 있지요. 하지만, 당신이 창의적인 일을
계속해 나가려면 예상치 못한 것에 마음을 열고 있어야 합니다.

종종 말하지만, 미래는 실제가 아닙니다. 그러니까 미래가 어떻게
될지 예측하는 건 그만두십시오. 대신에 당신이 살고 있는
지금 이 순간을 즐겁고 보람 있게 보내길 바랍니다.
나는 사람들에게 "흥미로운 것을 해라, 그러면 흥미로운 일들이
당신에게 일어날 것이다"라고 끊임없이 말합니다. 삶에서
계획을 세우면 그 때마다 더 보람 있을지도 모를 기회를
놓칠 수 있다는 걸 기억하세요.

창의성은 재창조에 관한 것입니다. 그런데 5년 동안 할 것을 미리 다 정해 둔다면,
재창조는 있을 수 없습니다. 할 일이 정해져 있다는 사실은 진짜 우울한 일이죠.
영감 따위는 결코 생기지 않지요. 우리는 삶의 방식을 순간순간 발견해야 합니다.
탐구하고, 확장하고, 빠져 보세요. 어린아이들이 경이로운 것은 바로 이런 점 때문이
지요. 아이들은 순간을 삽니다. 그만큼 삶에서 더 많은 것을 누리게 되는 것이지요.

미래를 예측하는 일은 무의미합니다.
좀처럼 예측한 대로 실현되지도 않고 말이지요.

**미래를 예측하는 최고의 방법은 미래를 만드는 것입니다.
그것은 현재를 즐겁게 보낼 때 가능한 것이지요.**

# 안락함의 함정
## Don't Get Too Comfortable

좋지 않은 소식을 전해 드리죠.

성공은 실패의 씨앗이 될 가능성이 높습니다.

특히 당신이 비행기에 탑승할 때 좌회전하는 것에 익숙해 있다면,

실망스럽게도 그럴 가능성은 더 높습니다.

**성공이 실패를 낳는다면, 이 얄궂은 운명을 어떻게 피해야 할까요?**

일부러 성공을 피하라는 말은 아닙니다. 성공한 예술가나 창작가가 되려면
가난해야 한다고 말하는 것도 아닙니다. 안락함을 경계하라는 것입니다.
돈을 많이 벌면 벌수록 당신은 더욱더 안락해질 것입니다.
더 큰 자동차를 타고, 더 큰 집에 살고, 더 큰 작업실을 갖게 되겠지요.

성공을 한 뒤에는 시간이 갈수록 현실을 제대로 보는 것이 점차로
더 힘들어지게 됩니다. 사람들은 당신을 천재라고 부르고,
갑자기 당신이 한 모든 것이 눈부시고, 축복을 가져다 주어 당신은
미다스의 손으로 칭송 받을 것입니다. 하지만 그 순간부터
당신의 창의성을 자극했던 현실 세상으로부터는 멀리 떨어지고
고립되고 말 것입니다.

고립은 창의성을 저해합니다. 성공을 하든 않든, 당신은 여느 보통
사람처럼 취약해져버립니다. 탁월함은 매일매일의 경험으로 만들어집니다.
창작자들의 작품과 시야는 실생활의 경험에서 공급 받는 것입니다.
이것이 현실 경험과 멀어지는 것을 경계해야 하는 이유입니다.

창의적인 사람은 그들이 무엇을 성취하든 간에 언제나 탄탄한
현실감각을 가지고 있습니다. 그것은 빵 한 조각과 우유 한 통의
가격을 아는 것 같이 아주 기본적인 것일 수 있습니다.

창의성을 키우고 싶다면 기사가 딸린 안락한
삶의 유혹을 경계해야 합니다.

# 10년의 법칙을 피하는 방법
## The Ten-Year Rule(And How to Avoid It)

**대다수 위대한 작품은 10년이란 기간 안에 만들어진다는 걸 알고 있나요?**

받아들이기 힘들다고요?

생각해 보세요. 음악가든, 미술가든, 영화제작자든, 디자이너든
가장 탁월한 작품은 대개 10년 안에 만들어졌습니다. 그리고 그 작품은
창작자의 남은 생 동안의 창작 세계를 정의해 주고 유지시켜 줍니다.
일단 획기적인 창작물을 만들어 내면, 하나의 장르가 생겨나
그들의 관점은 쉽게 받아들여지지요. 그렇게 되면 그들은
창조해 온 것을 반복해서 해낼 수 있습니다.

창의성의 영역에선 어디든 마찬가지입니다. 롤링 스톤스의 믹 재거<sup>Mick Jagger</sup>는
키스 리처드<sup>Keith Richards</sup>와 함께 〈Jumpin' Jack Flash〉를 만든 후
전 세계를 누비며 공연을 했고, 콘서트에서는 2만 명의 관중들이
환호를 보냈습니다. 이 노래는 만들어진 후 45년 동안 인기를 누렸습니다.
루치안 프로이트<sup>Lucian Freud</sup>[l]는 20세기 후반에 뛰어난 초상화가로
입지를 굳힌 뒤 일생 동안 초상화를 그리면서 명성을 이어갈 수 있었습니다.

이처럼 일단 위대한 결과를 성취하고 나면, 동일한 것을 다양한
예술 형태로 반복해도 인정을 받습니다. 그러나 예외도 있지요.
광고 분야에서는 매일매일 신선한 아이디어를 내야 합니다.
게다가 그 아이디어는 어제의 것과 전혀 달라야 하지요.



독일계 영국 화가로 지그문트 프로이트의 손자이다. 위대한 사실주의 화가 중 한 명으로, 극사실주의적 초상화를 많이 그렸다.

끊임없는 혁신은 사람을 지치게 할 수 있습니다.
이는 광고계가 종종 젊은 사람들의 산업으로 여겨지는
이유가 되기도 합니다. 실제로 광고 비즈니스에서 75살의
아트 디렉터를 찾기란 어려운 일이지요.

그러면 어떻게 10년의 법칙을 피하면서 15년, 20년, 심지어는 30년이 넘도록
위대한 작품을 계속해서 만들어 낼 수 있을까요?

여기, 간단한 답이 있습니다. 앞서 설명한 것들을 떠올려 보세요.

냉소적인 사람이 되지 마세요.

당신에게 대담하게 도전하는 사람들을 주변에 두세요.

세상에 대한 호기심을 가지고 끊임없이 세상과 교감하세요.

마지막으로, 아니 최소한 이것만은 기억해 두십시오.
돈은 철학이 아니고 도구라는 것을 기억하세요.
돈은 당신이 어떤 일을 해야 하는 마지막 이유입니다.

난 그저 농담을 한 거야!
고객은 당신 작품을 정말 좋아했다고!

**즐기세요!**

창의적인 직업을 추구한다면 기억해야 할 가장 중요한 것이 이것입니다.
자신의 일을 즐기지 않는다면 결코 위대해질 수 없습니다.
즐기도록 하세요. 물론, 자신이 즐긴 만큼 결과가 좋을 거라는
보장을 하지 못하지만 말이에요.

창의성은 대담함, 마음의 고통, 분노, 끈기를 필요로 합니다.
그다지 유쾌한 말들은 아니죠? 맞습니다.
창의성은 다양한 감정들이 뒤섞여 있는 영역입니다. 아마도 제일 먼저
괴로워하는 예술가의 이미지가 머릿속에 그려질 겁니다.

그러나 궁극적으로 창의적 직업은 당신에게 놀라운 특권을 부여합니다.
아이디어를 표현하고, 꿈을 추구하고, 새로운 유산을 창조해 내는 것,
그래서 다른 사람들이 당신의 유산을 따르고 그 바탕 위에 새로운 것을
쌓아가는 것은 신나고 벅차고 또한 재미있는 일입니다.

그림을 그리든, 글을 쓰고, 작곡을 하든, 당신이 어떤 창작 활동을
하든 열쇠를 쥐고 있는 사람은 바로 당신입니다.
이야기를 어떤 장소로 가져가고 싶은가요? 그 이야기 속에는 누가 있죠?
누가 사랑에 빠지나요? 누가 죽고, 그 결말은 어떻게 되죠?
모든 건 당신이 결정하는 겁니다.

심지어 고객이 당신이 만든 작품을 거부했을 때도 마찬가지입니다.
이 경우, 작품의 진정한 가치를 그 사람에게 설득하는 것도
바로 당신이 결정하는 일입니다. 이러한 자유는 당신에게 믿을 수 없을 만큼
커다란 해방감을 주고 당신을 흥분시킬 겁니다.

어빈 셀라<sup>Irvine Sellar</sup>가 건축가 렌조 피아노<sup>Renzo Piano</sup>에게 런던의
더 샤드<sup>The Shard</sup>¹ 건물 디자인을 의뢰했을 때, 피아노는 점심 식사
중이었고, 냅킨 위에 자신의 비전을 스케치했다고 합니다.
그는 분명 흥분했고, 자신의 아이디어에 들떠 있었을 겁니다.
함께 아이디어를 낸 셀라 역시 흥분해, 결국 두 사람은 유럽에서
가장 높고 유명한 건축물을 탄생시켰습니다. 듣자 하니, 셀라는
그 냅킨을 액자에 넣어 자신의 사무실에 걸어 두었다고 합니다.

**무엇을 하든, 어떤 어려움을 만나든, 창의적인 일을 하는
당신은 얼마나 운이 좋은 사람인가를 기억하고, 반드시 즐기기 바랍니다.**

하나 더 기억해야 할 것: 유머는 권위를 무너뜨리는 수단입니다.
언제부턴가 우리는 재미는 나쁜 것이며, 재미있게 놀면
안 된다는 것에 세뇌가 되어 아무 생각 없이 청교도적인
신념에 따라왔습니다. 이러한 사고방식은 전체주의적인
정권에서는 흔한 일입니다. 그들은 재미를 좋아하지 않으니까요.

이제는 그들을 골탕 먹일 차례입니다.

## 자유와 창의성을 위해 싸웁시다.

스스로 즐기고, 당신의 아이디어를 표현하고, 그런 과정을 즐기세요.
그것이 무엇이든지 당신은 훨씬 더 잘할 것입니다.

¹ 런던 템스 강변에 위치한 72층 고층 건물로, 영국과 유럽연합에서 제일 높은 건물이다. 기업가 어빈 셀라
가 이탈리아 건축가 렌조 피아노에게 의뢰하여 만들어졌다.

# 이런 생각들을 소화 시켜라
## Digest these thoughts

창의성은 결코 예측할 수 있는 게 아닙니다. 창의성은 사람들에게
놀라움과 즐거움을 주고, 영감을 주어야 합니다.
또 세상을 새로운 시선으로 볼 수 있도록 해 주어야 하지요.
유용한 것이면 더욱 좋겠지요. 나는 지금,
당신이 전에 결코 시도해 보지 못한 것을 제안해 보겠습니다.

## 내가 한 말들을 먹으세요!

이 책이 먹을 수 있는 종이와 잉크로 만들어져 있다면 좋겠지요.
이 책을 먹는 것은 상상한 것 이상을 채워 줄 겁니다.

먹는다는 것은 생각을 소화시키는 독특한 방법이죠.
당신 목에 걸리지만 않는다면… OK겠지요? 진부한 얘기는 그만하죠.
이 아이디어는 너무 오래 익히지 마세요! 미안, 다시 상투적이 되었군요.

런던의 저명한 레스토랑인 모던 팬트리The Modern Pantry의 쉐프인 안나 핸슨이
우리를 위해 창의적인 파트너와 조용한 밤을 보낼 수 있는 멋진 레시피를
주었습니다. 요리하는 나와 앤을 보고 싶다면 유튜브에서
'Hegarty on(Cooking) Creativity'를 찾아보세요.

## 즐기세요!

# 지그ZIG할 때, 재그ZAG하라!

**지음** 존 헤가티 **옮김** 장혜영 **초판 1쇄 발행** 2016년 11월 1일 **펴낸이** 신난향 **편집위원** 박영배
**펴낸곳** (주)맥스교육(맥스미디어) **출판등록** 2011년 08월 17일(제321-2011-000157호)
**주소** 서울특별시 서초구 논현로 83 삼호물산빌딩 A동 4층 **전화** 02-589-5133(대표전화)
**팩스** 02-589-5088 **홈페이지** www.maksmedia.co.kr **편집장** 송지현 **기획** 조현주
**편집** 허현정 **디자인** 서정민 김세은 **영업·마케팅** 최상호 **경영지원팀** 장주열 **인쇄** 삼보아트
ISBN 979-11-5571-424-9 13190 **값** 12,000원

* 이 책의 내용을 일부 또는 전부를 재사용하려면 반드시 (주)맥스교육(맥스미디어)의 동의를
  얻어야 합니다.
* 이 도서의 국립중앙도서관 출판예정도서목록(CIP)은 서지정보유통지원시스템 홈페이지
  (http://seoji.nl.go.kr)와 국가자료공동목록시스템(http://www.nl.go.kr/kolisnet)에서 이용
  하실 수 있습니다.(CIP제어번호: CIP2016021426)
* 잘못된 책은 바꾸어 드립니다.

저희 맥스미디어(MAKSMEDIA)는 독자 여러분의 책에 관한 아이디어와 원고 투고를 기쁜 마음으로 기다리고 있습니다. 책 출간에 대한 아이디어가 있으신 분은 이메일 maxedu@maksmedia.co.kr로 간단한 개요와 취지, 연락처 등을 보내 주세요.